领导掌控力

刘瑞军 著

成都时代出版社
CHENGDU TIMES PRESS

图书在版编目（CIP）数据

领导掌控力 / 刘瑞军著 . —— 成都 : 成都时代出版
社，2024.6
ISBN 978-7-5464-3452-0

Ⅰ.①领… Ⅱ.①刘… Ⅲ.①领导学 Ⅳ.① C933

中国国家版本馆 CIP 数据核字 (2024) 第 090664 号

领导掌控力
LINGDAO ZHANGKONGLI

刘瑞军　著

出 品 人	达　海
责任编辑	王珍丽
责任校对	李　林
责任印制	黄　鑫　曾译乐
封面设计	荆棘设计
版式设计	范　磊
出版发行	成都时代出版社
电　　话	（028）86785923（编辑部）
	（028）86615250（发行部）
印　　刷	三河市宏顺兴印刷有限公司
规　　格	165mm×235mm
印　　张	13
字　　数	164 千字
版　　次	2024 年 6 月第 1 版
印　　次	2024 年 6 月第 1 次印刷
印　　数	1-20000
书　　号	ISBN 978-7-5464-3452-0
定　　价	68.00 元

前言

Preface

2023 年 8 月 6 日下午，我忙完工作坐上了回家的地铁，刚坐下不久，上来了两个年轻人，坐在了我右边的空位上，不久，其中一个年轻人接听了一个电话。坐在旁边的我清楚地听到他对着电话说："我和小张去拜访客户了……嗯，好的……知道了……"

电话挂断后，随行的另一位年轻人说："是张总吗？我们俩提前回家的事不会被他发现了吧？"

"嗯，没事，我说我们俩去拜访客户了，不用管他，屁本事没有，明天到公司我们就说去拜访客户了。"

"好的，千万别说漏嘴了啊！"

两个路人简单的对话，却暴露出该团队严重的管理问题。从领导管理的角度看，这段对话至少说明了两个问题：

1. 该员工对其领导及工作没有忠诚度可言；

2. 该领导不能对该员工或团队进行良好管控。

总之可以说明一点，该团队的领导者不是一个有掌控力的领导。领导者自以为对团队管理得很好，其实内部充满了散漫、消极的氛围。

1

类似的领导者在当下其实还有不少，之所以出现这种情况，是因为领导者仅仅把自己当成一名领导者，而非掌控者。

优秀的领导者不但是一名能够合理分配工作的管理者，更是一名能够掌控全局、适应并驾驭变化的局势、能够让下属追随的引领者。这便是领导掌控力。

如果把企业比作一艘在大海中航行的船，那么企业领导者就是船长，他要有完全掌控方向的能力。在航行中，他能够组织船员紧密协作，目标一致地努力；当遇到恶劣天气或海盗的时候，他能够让船员团结一致，共克难，共御敌。显然，领导者的掌控力越强，这些工作就会做得越好。所以，如何领导？如何掌控？是每一个领导者必须面对的问题。

笔者认为，提升领导者的领导掌控力的要素主要有两个方面。一方面是软应用，即用领导者的个人魅力、团队文化、员工心理等提升领导掌控力，此方面的实施关键在于个人修养和沉淀，需长期修炼积累；另一方面是硬应用，即用沟通、激励措施、管理制度、执行策略等提升领导掌控力，可以看出，实施的关键点在于工具选择和实施技巧，需有智慧地实施。做好这两个方面，企业目标、关键资源、团队成员等都会得到良好的掌控。

有人的地方就会有组织，有组织的地方就会有管理，有管理的地方就会有领导者和被领导者。作为一名优秀的领导者，必须具备掌控的能力，这是一种领导素养，也是一种领导力量，也是优秀的领导者的必备标志。

最后，感谢您翻开本书阅读。本书将带您感受掌控力的魔力，让我们向成为优秀、卓越、不凡的领导者进发。

目录

Contents

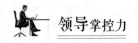

第六章

创新掌控——有创新，才有更多的选择

第七章

细节掌控——从细节抓起，提升掌控力

第八章

制度掌控——将风险圈在制度里面

第一章
魅力掌控——不言而喻的气场

领导魅力是领导者的一种特殊力量，它能够为领导者赢得众多支持者以及他们的信任；它对下属有一种天然的吸引力、感染力和影响力，可提升下属的忠诚度，让人敬而生畏，影响人们的行为。

个人魅力与掌控力的关系

森林中一条崎岖的路上，一只老虎正在悠闲地散步，这时，迎面走来一只鬣狗，鬣狗看到前面的老虎，慢慢停下脚步，随后迅速跑进了右边的树林。老虎继续往前走，一群大象迎面走来，老虎看见前面走来的大象，和鬣狗一样，也快速跑进了树林。

鬣狗之所以会给老虎让路，是因为鬣狗知道，老虎的实力要比自己强；老虎之所以会给大象让路，也是同样的道理。当鬣狗遇见老虎后，必然会感受到一种扑面而来的王者风范；当老虎遇见庞大的大象时，也必然感受到压迫感。

其实，在人与人的交往中，这种被压迫、被震撼的感觉也是存在的，这便是一个人的魅力，有时也被称作气场。

一、个人魅力

个人魅力是一个人在工作及生活中所体现出的独特气质，这种气质通常通过言行举止展现，散发出一种独特的气质、气场，且具有一定的诱惑力和吸引力，能够潜移默化地影响他人的情感及活动。

当下，如果有人说这个人很有个人魅力，则说明这个人得到了社会、公众或周围人群的认可，他对周围人的影响力、感染力也较强。比如，华为技术有限公司创始人任正非，具有较强的个人魅力，同样一句话，他讲的和普通人讲的，产生的影响力是有不同效果的。

二、领导掌控力

德鲁克在《未来的领导者》一书中曾说："领导者的唯一定义就是其后面有追随者，这些人可能是思想家、预言家等，而且这些人都很重要。但如果没有这些追随者，就不会有领导者。"

这几句话的意思是讲，领导者有追随者才有意义，追随者越多，证明其掌控力越强。也就是说，领导者的掌控力越强，追随者就会越多，对周围的影响力就会越大。当然，这只是其中一个方面。

简单地说，掌控力就是指一个人或一组人在某个局面或环境下具有掌控、调配、控制并影响整个局势的能力，其范围涉及组织管理、团队协作、决策执行、危机应对等诸多领域。拥有优秀的掌控力可以使领导者轻松地达到预期目标并规避各种风险和困境，因此，掌控力是领导者必备的一项核心能力。

三、个人魅力对领导掌控力的影响

个人魅力对领导掌控力的影响主要体现在以下几个方面。

1. 吸引力。一个人的魅力越强，对他人的吸引力就会越强。据相关研究，一个人的人格和品质是影响吸引力的最稳定因素，而人格与品质正是个人魅力所包含的一部分。一个人如果具有良好且稳定的品行表现，他就更容易提升个人魅力、吸引力，有助于提升领导掌控力。

此外，随着个人吸引力的提升，会赢得他人越来越多的尊重和认可，要知道，一个人对他人是否有积极的影响力或者影响的程度有多大，往往取决于对方对你的尊重和认可程度。如果有一位让你很尊重很认可的人告诉你不要买房，你大概率是不会买房的，而如果一位陌生人对你说同样的话，你可能不会当回事。

2. **引领力**。个人魅力提升到一定阶段，会赢得他人的崇拜心理，这个时候，他就具有很强的引领力。比如你很崇拜的一位领导说："企业是我家，共赢是大家，我们要充分发挥团队精神。"大概率你会认可此说法，并朝着这个方向去做。这就是个人魅力所产生的引领力。

3. **说服力**。要说服一个人，除了摆事实、讲道理外，还有什么是最重要的因素？当然是个人魅力。独特的人格魅力，会产生出一种一呼百应的独特号召力。这对于一个领导者来说，工作效率会事半功倍。

以上几点能够有效提升领导者的掌控力，而这几点正是个人魅力所产生的，所以说，个人魅力对领导掌控力具有非常积极的影响。

◎ **智慧掌控**

提升个人魅力是增强领导掌控力的基础要素，正视个人魅力，有意识地去提升个人魅力，领导掌控力就会在无形中展现。

领导魅力的构成要素

个人魅力对领导掌控力极具意义，具有很强的提升作用。作为领导者，要提升领导魅力，需要我们从掌控力的角度去了解，领导魅力的构成要素有哪些。

纵观当下的职场交际环境，领导魅力的构成要素主要包含以下几个方面。

一、外在形象

一个人对他人的吸引力，都是由表及里，从第一印象开始的。一般来说，人们认识一个人，首先看见的就是这个人的外表。外表是人们初次结识和交流时最直观的印象，决定了彼此有没有继续深入了解和交往的可能。如果不注意维护自己的外在形象，很可能给别人留下不太好的第一印象，让别人没有兴趣去进一步发现你的内在才华。

要认识到外在形象的重要性，特别是对于领导常年出差面见客户谈判、与员工交流沟通等方面来说，这一点非常重要。

首先，要注意个人卫生，勤洗头，勤洗澡，衣服要保持干净整洁。

其次，选择适合自己体形以及风格的衣服，衣服要合身，给人一种利索的感觉。领导者要有领导者的风格，最好不要穿运动装去见客户，也不可穿一双拖鞋去上班，这都是有损领导形象的。应该什么场合穿什么样的衣服，比如工作期间穿正装，业余时间穿便装，最重要的是要展现出自己独有的风格和品位。

二、言行举止

聪明的人会通过观察领导的行为举止去了解领导，反过来讲，领导的行为举止也会影响他人的反应。

1. **不管是面对员工还是客户，尽量保持友好的微笑。**通过微笑来展现你的善意，让他人觉得舒服，进而愿意和你交流。

2. **要有一颗善良之心。**在需要的时候积极展现自己的善意，比如在抗洪救灾等倡议捐款活动中，尽自己的能力积极捐款，给员工、社会树立榜样；当员工需要帮助的时候，主动提供帮助助其渡过难关等，这些都是领导魅力的重要体现。

3. **善于倾听。**认真倾听是对他人最大的尊重，也是赢得他人尊重的前提，千万不要搞"一言堂"，这样即使表面上大家都按照你说的去做，心里却有一万种不服，领导魅力也就荡然无存。

4. **公正。**公正公平是社会民众最需要也最期待的东西，公正处事，公平竞争，人人平等。

此外，还有很多关系着领导魅力的言行，如幽默、讲礼貌等，都应给予重视。

三、人格品质

美国学者安德森曾做过这样一项研究，他做了一张表格，上面包含有 550 个与人格品质有关的词汇，然后让人们指出最喜欢的品质，结果，人们所选择的词汇中大多都与人的优秀的品质有关，如忠诚、真实、可靠、聪明、关心等。

可以看出，这几个方面正是人最具吸引力的品质，所以，领导者要想提升领导魅力，需要不断提升这几个方面的品质。

四、学识素养

一个人的学识高低，往往会表现在他的言行举止、看问题的深度以及处理问题的能力等方面，这是领导魅力的一部分。所以，对于学识素养的提升，我们要时刻保持对知识和技能的渴望，进行持续不断地提升。此外，还可以发展一些兴趣爱好，比如读书、绘画、运动等，这些都有助于学识的提升。

五、心态

俗话说"心态决定一切"，心态决定行为，行为决定成败。积极的心态会提升领导魅力，相反，消极的心态会降低个人魅力。

1. 自信。时刻保持自信，相信自己的能力能够解决你所面临的问题。在人际交往、工作中展现自己阳光的一面，给自己力量的同时也会给他人带来力量。

2. 积极。不管做事还是做人都要乐观积极地去面对。这样可以影响你周围的人，让他们更喜欢与你沟通协作。

3. 真诚。诚信是领导魅力的重要因素，试想，一个不讲诚信的领导，即使其他方面做得再好，对于他人来说，依旧没有魅力可言。用真诚的心态对待他人，领导魅力会得到提升。

◎ **智慧掌控**

把握领导魅力要素，主动学习，不断提升，展现自己独特的品质，打造自己独一无二的领导魅力，是领导者一生的必修课。

责任是服众的核心

华为技术有限公司创始人任正非曾说，责任感是任何一个合格的领导都应该具备的。事实上，中华上下五千年，一直在倡导我们要有责任感，要有担当，这是一个人必须具备的品格。但是，对于领导者来说，除此之外，责任感具有更加特殊的意义。

一个企业，如果领导者的责任感弱甚至没有责任感，对制定的政策朝令夕改，对企业发展不闻不问，对员工状态充耳不闻，那么，员工必定不会真心跟随这样的领导者，缺乏责任感的领导者绝对不可能服众。只有把责任心放在首位，才能得到员工的信任，才能掌控好下属。

一个很优秀的企业家在一次演讲中曾说过这样一段话："如果一个领导者没有责任感，那么下属就不会安心工作，即使他们的待遇是业界最好的，他们也不会跟着你长久地干下去，因为他们认为，一个没有责任感的领导是不会对自己负责的。"

这位企业家说出了当下职场的现实。这类领导身边的下属，他们经常两面三刀，当着领导的面是一套，私下又是另一套，因为他们从心底就不服气，可能只是碍于领导面子才装装样子而已。

当然，有一些领导就做得非常好，他们肩负社会责任和企业责任。若社会有灾情，他们第一时间捐款；若员工有困难，他们主动帮助员工解决；他们在工作中更是尽职尽责。他们的做法一方面赢得了社会的肯定，另一方面也赢得了下属的认可和尊重。因为对于员工来说，领导者对社会、对陌生人都有这么强的责任心，那么，对自己肯定会更负责，从而使员工产生更强的安全感。这便是领导责任心对员工的影响之一。

除此之外，领导的责任心可以从以下几个方面去体现。

一、做事要负责

领导者对待工作要积极负责，做事有头有尾，分内的事要负责到底，分外的事热心协助。作为领导者，这一点相信很多人都明白，也能够做到。而最为重要的一点是要把它充分展现出来，给他人树立务实的形象，让他人看到你是干事的人。当他人看到并认识到你做事的责任感后，就会对你产生信任感。

二、有关爱员工的意识

做人负责可体现在工作及生活中的一些琐事中，从细节彰显责任，让琐事为你说话，展现领导的责任。某人进一家公司工作一个月，有一

9

天他突然对朋友说："我一定要好好跟着老板干。"朋友惊讶之后，问其原因，原来有一天他正在上班，突然接到孩子老师的电话，说孩子生病了。他急忙把此事告诉领导准备赶往学校，让他没想到的是，领导马上放下手头的工作，亲自开车送他去学校……这件事让他深深感受到这位领导是一个对下属非常负责的人，于是决定死心塌地地跟随。

相信这件事情一定会在这家公司一传十、十传百，对领导信服的员工会越来越多。

三、有承担意识

有承担意识是作为领导的基本素养，用自我承担意识去服众是一门学问，也是一种管理技巧。

某企业部门空降了一位年轻的新领导，部门员工表面上对其很友好，但心里个个不服，都在想："这个领导这么年轻，阅历这么简单，难道有关系？"部门员工无不怀疑他的工作能力。

在集团公司的一次绩效考核中，该部门未完成考核目标，要扣部门绩效。按照以往的惯例，扣除的绩效要平均分配到部门员工每一个人身上，也就是大家共同承担集团公司扣除的绩效。但这位领导主动提出自己承担扣除的所有绩效，并主动检讨是自己工作做得不够好。

员工们看到领导如此做法，又是感激又是惭愧，不禁对这位领导产生了佩服之情。

作为领导，就应该承担起领导该有的责任，而且承担得越多，他的作用、地位、影响力就会越大。因为，只有领导具有强烈的责任担当意识，才能为大家创造利益，带来安全感，从而让员工感受到踏实的依靠和信任。

◎ 智慧掌控

领导的作用有两点：一是做出决策；二是承担后果。所以，当团队遇到问题时，只有领导挺身而出，勇于担当，才有可能解决问题，才能服众。

用你的自信唤醒员工的自信

自信的人是有魅力的，是让人喜欢的，是能够给他人带来愉悦并营造出积极氛围的。在一个团队中，员工的自信心关系着团队工作效率、团队文化、团队影响力等方面，也就是说，员工的自信心越强，团队战斗力就会越强。

但在一个团队中，并不是所有人都自信心满满，有些人可以通过自我调节保持较强的自信心，而有些人整天一张苦瓜脸，怨天尤人，抱怨不断，总觉得这不行，那不行，对自己没有信心，在一定程度上影响团队的士气。

对于这类员工，领导者可以通过自己的自信去唤醒激发他们的自信。

一、了解员工，引导自信

知人者明，知己者智。每个人都有其擅长的一面，也有不足的一面。比如，有些人擅长交际，但专业技术能力不强；有些人很内向，但很细心。要让一个员工长期保持自信，要让其长期处于自己擅长的领域中。所以，领导者要了解员工个人的优势和劣势，尽量安排其做擅长的事情，以保持自信。当其受到挫折打击时，针对性地安排他做一些能够发挥其优势的事情，来调节减弱的自信心。

对于一些新员工，领导可以先安排一些简单的事情，并指导员工在做事情之前能够做充分的准备，这样成功率就会提升；当做好一件事情之后，员工的自信心就会提升，再安排他做一些稍难一点的事情。这样循序渐进，员工的自信心就会不断提升，做事的成功率也会不断提高。

二、给予机会，培养自信

领导者要主动给员工提供更多的锻炼机会。在工作中，为其提供宽松的环境，遇到困难时，能够给予其有建设性的意见，提升员工的自信心。

某知名公司有这样一条不成文的企业文化：没有规定不能做的事情，就是可以做的。在这样一种文化下，员工的积极性被彻底释放，工作的积极性和主动性得到极大提升。这种宽泛的工作氛围，给予了员工更多自由发挥的机会。

此外，领导者还可以主动给予员工增加自信的机会，尤其是对于那些自信心差、做事畏首畏尾的员工，要重点培养，全面提升团队员工的自信心。

三、鼓励鞭策，加强自信

优秀的领导者不仅会管人，更能够激励人，能够让员工心甘情愿地按照他的想法去做。比如一位员工最近情绪低落，做事不够积极，而领导者通过激励重新激发了他工作的动力和自信心，这便是领导的魅力。

所以，领导者必须懂得如何加强员工的信心。

1. 平时少用甚至不用消极的字眼。 尽量避免用"你不行、你不会、你不知道"等字眼，而应该用"你行、你一定会、你一定要、你知道"等字眼，给员工加油打气，给予鼓励。

2. 让员工完成最后一步。 项目在最后一步时，可以让一些信心低的员工去做。这种做法并不是说领导者的能力不强或精力不够，而是体现了领导智慧，这种方式可以提升员工信心，帮助员工成长。

自信不是臆想，也不会凭空而来。它是一种感觉，更是一种不断循环增强的力量。作为一名优秀的领导者，你有责任也有义务为员工的自信负责，因为员工力量的强弱关系着你的力量强弱。

◎ **智慧掌控**

任何时候，领导者都要有足够的信心，让员工能够从你身上看到希望，这是唤醒员工自信的基础；对不同的人采用不同的方法给予引导和影响，这是唤醒员工自信的工具。

正直赢得信任

这个世界，每个人都有其最信任的朋友。究其原因，也许你们之间有知遇之恩；也许你们之间有救命之恩等，总之，他的身上肯定有你值得信任的东西。

领导者的正直对于员工来说非常重要。俗话说："水能载舟，亦能覆舟。"领导者的正直，便是载舟的力量。正直的领导者，能够赢得员工的信任，因为正直能够展现领导者的真诚、坦率以及言出必行，当员工看到你能够做到这一点时，他们就会信任你，你的领导力自然会随之提升。

在管理当中，领导者该如何展现自己的正直呢？

一、处事公正，不和稀泥

领导者不管是对人还是对事，一定要做到公正公平，不偏不倚，是非对错，奖罚分明。

比如两位同事因为客户资源而起了冲突，领导者要站在中立的角度客观地去就事论事，谁的责任谁承担，谁的资源谁拿走，避免因某位员工业绩好、能力强就偏向他，否则会严重打击其他员工的积极性。

在利益分配中，更要做到公平公正，不因怜悯之心给业绩不好的员工多分配，也不能因私心给与自己关系好的员工多分配。

不该说的话不说，该说的话讲真话，自己的责任不推诿。涉及商业机密或隐私的事情，坚决不讲，对于必须公开的事情，没有必要绕弯子。讲真话，讲实话，是领导的责任，领导要勇于承担不推诿。

二、言而有信，说到做到

古人说："君子一言，驷马难追。"言而有信是社会人必备的一种素养，更是领导者必须不断修炼的个人魅力。对于领导者来说，这是一张无形的名片，领导者取信于人，才能得到人才，得到信任，树立威信，掌控职场。

在管理中，言而有信主要体现在领导者的行动中和与员工的沟通中。

首先，如果领导者在员工面前树立的是一种言而有信的形象，那么，就能更容易地说服员工，使得员工更信赖领导者。

其次，在实际行动中要保持言行高度一致。给予员工的承诺，要按时足额兑现，不打折扣，不扯皮。

三、一视同仁，开诚布公

我们在实际工作生活中，不难发现人与人之间真的有不少差异，因经济、地位、资源、能力、背景、学历等方面的不同，人又被分成了很多群体。

对于不同的群体，作为领导者，要坚决做到一视同仁。如某知名企业家说过的一句话："作为出色的管理者，你要想赢得信赖就必须公正地对待你的所有下属。"毫无疑问，绝大多数员工都喜欢这样的领导，所以，领导者要努力成为一名正直且开诚布公的人，如果能够赢得员工的赞誉，那么员工对领导者的信任度就会显著提高。

◎ 智慧掌控

员工之所以喜欢跟随正直的领导，是因为这样的领导能够让自己更有安全感。处事公正，不和稀泥；言而有信，说到做到；一视同仁，开诚布公。领导者只要做好这几点，员工就会信任领导者。

感恩员工，让员工能为你着想

在职场中，让领导者最欣慰的事情莫过于下属能够替他着想。即使有时候很难，但如果下属能够站在领导者的角度去体谅他，大家一起想办法解决困难，一方面，事情能够更快地得到解决；另一方面，领导者自己也会有更大的动力去面对困难。

作为领导者，让员工为领导着想固然是他们所期望的，但并不是所有的员工都能够替领导着想，那么，领导者该如何让员工做到这一点呢？或者说领导者如何让员工产生这种想法呢？

有一个很好的方法，那就是去感恩你的员工。感恩之心既是一种优秀的个人魅力和素养，对于领导者来说也是一种强化员工忠诚度、让员工为领导着想的工具。

曾有一个网站对两千余人做了一项关于老板感恩员工的调查问卷，结果显示，有80%的人认为当老板认可欣赏自己时，他们对老板会更忠诚，工作也会更努力。

当然，感恩的方式有很多，但能够完全激发员工积极主动地为领导者着想的感恩方式有这样几种。

一、感恩之心怀心中

首先，对于员工在工作中的付出和努力，领导者要始终抱有一颗感恩之心去看待。感恩的心理是相互的，要想让员工对领导者产生感恩之情，领导者要率先表现出感恩的姿态，从而激发员工感恩的心理，才有可能再让员工产生为领导者着想的心理。

二、语言感恩挂嘴边

员工在工作中的优秀表现，要及时进行表扬，尤其是对一些工作细节的认可，更能让员工感受到你对他的关心；如果员工做错事需要进行批评时，首先对员工的付出表示感谢，而后具体错误具体分析，批评要有理有据，让对方觉得你是在为他好的心态下接受你的批评。

三、物质感恩不可少

物质感恩是能够最直接、最高效地激发员工感恩之心的方式。有一家企业，每年都会给一些优秀员工现场发放现金奖励、送六天五夜全家旅游票等活动，活动中老板会亲自为获得者送上奖励。某位获奖者对朋友说："老板对我真的很好，每次接过老板手上的奖励时，我都非常感动！"试想，一个能够在朋友面前夸赞自己老板的人，他能不处处为老板着想吗？答案是肯定的。

四、帮助之手适时伸

不管是在工作中还是生活中，下属对领导及时提供的一些帮助总是能够铭记于心的，特别是雪中送炭的帮助，会让他们永生难忘。

在某公司担任财务工作的一位女员工有一段时间，总是愁眉苦脸，领导询问之后得知是因为其女儿上学的问题。该员工和其丈夫的户口都在外地，他们的女儿马上该上小学了，根据当时的政策，只能分到离家很远的一所学校，如果是这样，将来接送孩子就会成为一个很大的问题。

就在她不知道该怎么办时，老板了解详情后，马上帮助她寻找附近可以接收的学校，没过多久，老板便帮助她解决了问题，一家距离同事家很近的学校愿意接收，之后女员工的女儿顺利入学。

自此之后，她真正做到了视公司为家，常常为公司着想，处处为老板着想，到如今在这家公司工作已有二十余年。

领导者给予的帮助能够让下属更有归属感和责任感，能够强化员工对企业及领导者的忠诚度，所以，对待懂得感恩的员工，领导者要学会适时帮助员工，采用恰当的方式去表现，这是高级领导者必须修炼的一项技能。

◎ **智慧掌控**

了解员工的需求，雪中送炭永远比锦上添花更让人感恩；领导者以什么样的态度来对待员工，在很大程度上决定着员工会以什么样的态度去对待工作及领导。

第二章
沟通掌控——赢得员工的理解与支持

　　语言的力量是神奇的。相同的话，有些领导者去说，对方不一定会听，而换了其他领导者去说，对方却马上会听，这是因为后者的沟通包含有恰如其分的情感性、引导性、说服力等因素。因此，用沟通去掌控，是领导者必备且需要不断提升的一项技能。

说服与命令

在工作中，领导者每天都需要和下属、上级、客户就各种问题进行沟通交流，所以，良好的沟通能力对于领导者来说至关重要，因为这关系着日常工作是否能够正常推进，问题是否能够高效解决等。

领导者与下属沟通的过程中，通常会采用两种方式，一种是说服，一种是命令。

一、说服与命令的区别

所谓说服是指运用语言艺术，通过摆事实讲道理的方式恳切地引导对方按照自己的意图做事。由于经历、素养、学识等方面的不同，相同的问题，不同的人会有不同的认识和观点，当领导者和下属的观点、认识不统一时，领导者需要说服对方接受并认可自己的观点，这样下属才能心甘情愿地去工作。这种沟通方式的优势是，如果说服成功，就能够充分调动下属做事的积极性和能动性，工作效率会更高。缺点是需要领导者花较多的时间去沟通，且如果说而不服，下属带着情绪不情不愿地去工作，容易使工作效率降低，增加出错的机会。

所谓命令，是指领导者以行政指令的方式指示下属去做某事，具有一定的强制性。俗话说"军令如山倒"，对于领导命令式的指示，下属通常都会服从，并立即执行。这种沟通方式的优势在于高效，比如在讨论某事不能达成统一意见而陷入僵局时，命令式的沟通可以打破僵局，推进工作。但这种沟通方式的缺点是，如果经常采用会给下属造成一种独断、"一言堂"的印象。

在领导与下属的沟通过程中，说服有优势，但也有不足，命令亦是如此，说服与命令绝非单独存在，领导者要根据人、事的不同采用相应的沟通方式。

二、"命令"的使用技巧

不同的人，他们的成熟度、思想理念、眼光、性格等会有所不同，对于一些不成熟、固执、情绪化严重的人，领导者可采用命令的方式指派工作，因为由于职场经验不足、思想深度不够等，说服他们往往要花费很多的时间和精力，不如直接命令更加高效。

对于一些重要且紧急的事件，可进行命令式的沟通，如需说服解释，可事后进行。

命令式沟通要清楚地告诉对方干什么、怎么干、何时何地去干，不要让对方猜你想让他干什么。既然是命令，那么就应该清晰明了。

三、"说服"的沟通技巧

当下属的素养及成熟度比较高时，应尽量采用说服式的沟通方式，减少命令式的沟通。通过说服把事情说通了，对方的心顺了，才能充分发挥下属的主动性、创造性，获得高效益。

说服要动之以情，晓之以理。在尊重对方的前提下，摆事实，讲道理；在和谐的氛围下，说服往往更容易成功。

适度施压，善意提醒。适度施加压力可以提升说服力，比如你需要把某员工指派到某地去工作，但对方不太愿意。你可以说："这次调你去某地工作是公司对你能力的评估，如果你不愿意去，将来升职可能会受到影响。"用友善的态度讲清楚后果，说明道理，适度施压，可让对方更快地明白其中的道理。

换位思考，以心换心。站在对方的角度分析问题，让对方有一种你处处为他着想的感觉，这种说服效果往往会更好。而要做好这一点，需要我们深度地了解对方。

寻找共同点，对于一些比较固执的下属，或者比较复杂的事情，我们可以先寻找一个与对方观点一致的地方，以此为起点，获得对方的认可，而后逐步分析，引入主题，最终达到说服对方的目的。

◎ 智慧掌控

　　在说服与命令中，领导者要有求同存异的意识，不是每个命令下属都会照做，不是每次说服都能让对方心服口服，我们要尽可能地激发起与下属之间的思想共鸣，在和谐的氛围中不断提升自己的威信，说服力和命令的力度自然也会随之提升。

多听，适时开口

某本书中有一个调研案例，主题是"调查领导者身上最受欢迎和最不受欢迎的特点"，调研结果是在领导者身上最受欢迎的特点是善于倾听，最不受欢迎的特点是 blank wall，意思是说下属在领导者说话时，领导者什么话也不说，如同一堵空白的墙，也就是我们常说的"对牛弹琴"。

试想一下，在你给领导汇报工作时，一种领导是认真倾听，关键时刻还会进行询问；另一种领导只是默默倾听，什么话也不讲，没有任何回应。你会喜欢哪种领导呢？毫无疑问当然是前者。所以，优秀的领导者在倾听他人说话时，知道何时开口，知道何时沉默，这便是倾听力。

沟通是人与人之间的桥梁，但倾听是沟通中的桥梁。马克·吐温曾说："上帝给了人类两只耳朵和一张嘴巴，是希望人类少说多听。"懂得倾听是领导者提升掌控力的基础。

一、领导懂得倾听的重要性

1. **给予下属尊重感**。认真倾听是对下属的尊重，会让下属有一种认同感的获得。当下属获得这种认同感后，会反作用于领导身上，给予领导者尊重。因此，沟通距离就会拉近，从而建立良好的深度沟通基础。

2.**化解与下属的隔阂**。如果下属与领导有矛盾或隔阂，下属在向领导说话时内心本就带有一些负面情绪。在这种情况下，不懂得倾听的领导会让隔阂或矛盾加剧，沟通变得更加困难；而懂得倾听的领导可以让下属在说话时逐渐放下戒备心理，消除隔阂。

3.**激发下属的主动性**。善于倾听的领导能够给下属带来极强的精神鼓励，让下属在沟通中能够更加畅所欲言，工作主动性会更强，从而让沟通变得更宽、更深。

4.**做出正确的决策与判断**。倾听的意义是沟通，领导倾听的意义是更加准确地做出决策和判断。有一位下属想要采购物资，在给领导汇报了价格、供应商、产品对比等信息后，领导说"买吧"。当下属把东西买回来，领导再次询问情况后，生气地说："这么贵你都买了？"显然，这便是领导不认真倾听造成的结果。

二、领导倾听的技巧

了解了倾听的重要性后，领导要想做到会听、懂得听，可从以下几个方面入手：

1.**用心倾听**。用心倾听是倾听的基础，只有做到这一点，领导者才能与员工建立顺畅的沟通渠道。仔细观察职场环境，你会发现有些领导很招人喜欢，员工在工作上与这些领导保持着良好的互动，而有些领导就非常不招人待见，很多员工能不去找这些领导就不去找，能不提意见就不提，甚至路上遇到这些领导也会绕道走。为什么呢？

有很大一部分原因是当下属在汇报工作或者提意见的时候，这些领导者不用心倾听，常常把下属的意见当作耳旁风，甚至还会指责批评下属，导致下属关闭了与领导沟通交流的大门。

事实上，很多领导者都不愿意听下属的意见，即使这个意见是具有建设性的。这是一种错误的沟通行为，其实，领导者应该用心去倾听下属的话，这样更有助于领导者高效地领导管理他人。

2.**调整心态，深呼吸**。有效倾听的最大障碍是心不平气不和，带着情绪或者偏见去倾听。举个例子，如果在领导者的心里认为某下属工作能力差，在对方向你汇报工作时，你可能会有一种不悦的情绪，在这种状态下，不管对方说什么，你都不会理性对待，甚至偏执地认为对方的观点是错误的。领导者应当调整心态，让自己心平气和地去倾听对方的话，这是对下属的尊重，更是对下属不断认识和了解的最好方法。

3.**适时提问，深度沟通**。倾听不能只听不说，如果是这样，那就是我们前面说到的一堵空白的墙，倾听要懂得在合适的时机进行提问，来激发对方的交流欲望。提问方式有两种，一种是封闭式提问，即让对方回答是或不是，比如：

领导问：你真的是这样认为的？

下属：是的！

领导：嗯，很有新意，你接着说。

这种方式简单有效，可以快速烘托出良好的沟通氛围。

另外一种是开放式提问，即让对方通过描述来回答问题。比如：

领导：你对你刚才说的这个问题是怎么看的呢？

下属：我认为……

这种方式可引导并拓展下属的思维，获得更有价值的信息，便于领导者进一步做出准确的分析和判断。

4.**关键复述，统一认识**。对于一些关键信息，领导要进行一次复述。一方面，与对方确认此信息，避免信息的错误；另一方面，表达对此信息的关注，暗示对方对此信息的重视度，避免疏漏。

◎ 智慧掌控

优秀的领导者都明白倾听的重要性，卓越的领导者都应该懂得如何倾听。领导者应当心平气和，专心致志，在互动交流中扩展沟通的宽度和深度，对重要信息进行重点复述，这样才会尽可能地做出准确的判断和分析。

见机行事，沟通要掌握好分寸

很多领导者在沟通中都有这样的担心，在与对方沟通时，话说得重了，担心"伤"到对方，影响进一步的沟通；说得"轻"了，起不到该有的作用，对方不能够完全理解你的态度。对此，说话掌握好分寸就显得尤为重要。

有以下几点，在沟通中需要把握。

一、不涉及他人隐私

沟通最为忌讳的是揭露他人隐私，这会让对方很尴尬，不管对方是你的下属还是朋友、客户，都会让对方感受到你的不尊重。即便彼此沟通非常愉快，关于对方的隐私问题，一定要闭口不言，除非对方主动提起。

二、端正说话的态度

作为领导者，在任何时候，都要管理好自己的态度，因为你的态度决定了说话的方式，说话的方式决定了听者的感受。首先，当情绪暴躁激动时，可以暂停沟通，待自我情绪稳定之后再进行沟通；其次，与下属沟通时，非紧迫事件应尽量采用商量的语气，而非命令式语气。

三、说话要有技巧

俗话说"到什么山唱什么歌"，讲的就是在不同的地方、面对不同的人要用不同的方式表达相同的意思。有一位领导者有一件非常重要的工作要交给下属去办，这天，他把下属叫到办公室。下属到了领导的办公室后显得很拘谨，领导看到下属的表情，首先分享了一个成功者的故事，并进行了愉快的探讨，待下属紧张的情绪缓解之后，领导说道："每个成功者都是从完成一件看似很难的工作开始的，公司最近也有一份非常重要的工作需要你去做，我觉得这可能就是你成功的开始。"

下属听了之后瞬间来了精神，不但愉快地接受了领导指派的工作，并且和领导进行了详细沟通。显然，相对于直接下命令让下属去做，这种循序渐进的沟通方式更容易让下属接受，并充分激发下属的信心。

四、什么职位说什么话

如果领导者分管的是业务，那么，在公司会议上就说关于业务的问题，不要讨论关于人事管理的问题；如果领导者分管的是采购，那么就谈物资问题，不要掺和业务问题。总之，负责什么工作就说什么话，这不只是说话的分寸，更是原则。

五、表扬与批评

表扬与批评最能考验领导者的水平。表扬过了头，就会让对方产生骄傲自大的情绪；批评过了头，就会让对方产生退缩甚至离职的想法。所以，表扬与批评一定要把握好分寸。

表扬最好能够在公众场合进行，比如会议现场、被表扬者的办公室等。表扬对方时要就事论事，抓住要点，不要扩散或者夸张。

小事私下批评，给予预警提示，让对方感受到尊重；大事公开批评，给大家一个交代，让被批评者感受到事情的严重程度。

◎ 智慧掌控

领导者要意识到，自己说的每一句话都代表着权威，职位越高，所说的话越重要。

领导者沟通前应列出纲目，哪些需要简单说，哪些需要详细说，抓住重点，详略得当。

言出必行，维护领导威信的重要砝码

一个领导者的威信是如何丧失的？

一个很重要的原因，那就是没有规划地说大话，说过要做的事情没有做，承诺没有兑现。长此以往，他人就会渐渐地不再相信领导者所说的话，领导者的威信也就会丧失殆尽，这个时候，领导者也就没有什么威信可言了。

古人云："君子一言，驷马难追。"对于领导者来说，说到做到是自己的一张无形名片乃至资产，领导者示信于人，才能获得他人的信任，树立起自己的威信，才能提升领导者的掌控力。然而，总有一些领导者，觉得对于员工说过的话、做过的承诺都是小事，毫不在乎，甚至面对疑问，一而再再而三地搪塞敷衍，最终的结果便是失去员工的信任，丢失自己的威信。

对此，领导者要维护并强化自己的威信，做到言出必行，需要从以下几个方面做起。

一、不要随便承诺

有一些领导者有一个很大的缺点，就是在心情激动时喜欢随口做一些承诺，比如酒后承诺，等冷静下来之后才发现，自己根本办不到，或者兑现承诺时大打折扣，甚至不了了之。

要知道，领导者的一言一行对于员工来说都是非常具有权威性的，为了避免掉入这样的尴尬境地，一方面，领导者要谨言慎行，另一方面，不要随便承诺。在自己想要做承诺之前，一定要冷静地想一想，自己是否可以办到，是否愿意去兑现承诺，如有一丝顾虑，就不要说出口。

二、言论与事实一致

领导者在阐述某一事件时，一定要与事实一致，不可随意夸大，也不可掩盖部分事实。比如一位领导对应聘者说："我们每月 15 日准时发工资。"结果应聘者入职之后，发现并不是 15 日准时发工资，总会拖到 20 日左右。这虽然是一件小事，但对于这位员工来说，他对领导的信任必然会减少一些，因为他潜意识里认为，领导欺骗了他。

要做到言论与事实一致，首先，领导者在阐述时用词一定要准确，否则，即使自己只是想阐述事实，却因用词不准确给对方造成认知上的误解；其次，不要用掩盖事实的方式去达到自己的某种目的，天下没有不透风的墙，事实一旦揭晓，自己的威信也会随之丢失。

三、言论与行动统一

作为领导者，经常会做一些工作规划，比如下周要做什么事情，并做了分工部署，当员工准备好一切准备工作后，到了第二个星期，领导却说不做了，这就会让下属一头雾水。当然，也许这期间领导有另外重要的事情要做，或者发现做这件事情是得不偿失的，这都是可以理解的，只要做好相关解释工作即可。但是，这样的事情如果经常发生，下属对领导者的信任感也会降低，领导在分配工作的时候，下属可能就不会那么重视地去做准备，因为他会认为，这件事情有可能不会做，因为你是一位善变的领导。显然，这将带来糟糕的结果。

所以，领导者要最大限度地做到言行一致，不要随便发令，一旦说出计划，就要言出必行。

四、承诺与兑现

秦国的商鞅为了树立自己的威信，让变法顺利进行，赢得百姓的信赖，于是立木于城，立言于信，说到做到，最终使得变法在秦国顺利地实行起来。

领导者既然做出了承诺，那么，无论如何都要在不加附带条件、不打折扣的基础上努力去兑现这个承诺，否则，将会失去人心。

有一家新开业的口腔医院，院长在月初动员会上说："这个月我们的营业额只要达到 30 万，我们就去搞一次团建。"然而，在接近月末的时候院长又在会上说："这个月就剩几天了，只要月底前我们的营业额达到 35 万，我们就开开心心地去团建。"

下面的员工听了之后纷纷窃窃私语地讨论："月初不是说 30 万吗？怎么又加了 5 万呢？"

院长的目的无非就是让大家努力创造更好的业绩，但是用加条件的方式去改变当初做出的承诺不是明智之举，自此之后，该院长的威信已经在员工心中下滑。

既然当初做出了承诺，那么，无论如何都要努力去兑现，并且不附带任何条件、不打折扣，否则下属就会认为领导者是在画大饼，那么，你之后的承诺对于他们来说就会显得无足轻重。

◎ **智慧掌控**

领导者要言行始终一致，勿开空头支票，勿朝令夕改，勿只说不做，要言出必行，这样才能建立一支凝聚力强的团队。

求同存异，处理矛盾冲突的艺术

同事与同事之间、领导者与上下级之间在工作中或多或少都会出现一些矛盾冲突。作为领导者，正确地处理这些冲突，关系着整个团队的稳定及和谐，以及团队沟通的效率。

一、职场中的冲突与矛盾

职场中的冲突与矛盾是一种情绪、立场、观点的对立，是因为双方意见不同，双方都为维护自己的情绪、坚守自己的立场、坚持自己的观点而产生的一种情绪与行为的表现。

冲突与矛盾通常有以下几种表现。

1. 眼神表现。如瞪眼、白眼、怒眼等是矛盾、冲突的初级表现。

2. 言语表现。争辩、吵架，最后不欢而散，是矛盾、冲突的中级表现。

3. 动手推搡甚至打架。这是矛盾、冲突的高级表现。

二、出现冲突的原因

不管是一个企业还是一个团队，其工作目标及方向必定是一致的。从这个角度讲，在一个团队中本不存在冲突，但因每个人的观点、解决问题的方法、理解角度、性格等不同才会产生冲突及矛盾。此外，因为职级、职位、权责的不同，某些信息不对称，也会造成一些冲突与矛盾。

三、冲突的意义

虽然矛盾与冲突在职场中是一种负面存在，却不可缺少，难以回避。尽管冲突在团队被视为一种负面表现，人们往往试图避免和解决冲突，然而，就实际而言，适度的冲突对于团队的发展和成长是具有一定的正向意义的。因为，冲突有利于创新和解决问题，如通过争论、辩论产生各种新想法和解决方案，冲突也有利于团队成员之间学会对不同观点的表达及倾听，由此逐渐提高其沟通和合作能力，建立起更加良好的团队氛围。试想，如果两个人或者一个团队在沟通中总是相互谦让，没有摩擦碰撞，那么，彼此之间必然会始终保持着一种距离，合作起来并不会顺畅和默契。所以说，作为领导者而言，没必要害怕冲突、掩盖冲突，而是要善于面对冲突、处理冲突。

四、领导者处理冲突的方法

任何组织内部都会强调以和为贵，但是要求组织内部没有矛盾和冲

突的发生是不可能的事情。所以领导者首先要具备处理冲突的能力，其次，在求同存异的理念下，运用正确的沟通方式去处理团队间的冲突与矛盾。

1.**构建正式或非正式调解机制**。运用第三方力量去调解，如领导与下属产生了矛盾，可通过下属的同事进行调解。有一位领导与某地区区域经理因为销售目标问题起了矛盾，随后，另外一位地区的区域经理找到这位区域经理说："你来公司的时间短，不是很了解我们这位领导，别看他对工作要求非常严苛，但他是一个只对事不对人的领导……"一次简单的第三方沟通，化解了领导与下属之间的矛盾。

此外，我们还可以通过会议的形式对下属与下属、团队与团队之间的冲突进行调解，在以大局为重的基础上，进行求同存异的调解。

2.**结果导向理念引导**。工作中建立以结果为导向的理念，将员工的注意力转移到工作结果上，而非工作关系上。

3.**了解员工，"对症下药"**。每个人的信念、价值观、观点等都不尽相同，这也是矛盾冲突产生的主要源头。领导者需要对员工进行充分深入的了解，当员工之间发生冲突与矛盾后，可针对员工的特点进行情理交融式的沟通。

◎ 智慧掌控

一个团队能不能做好做强，很大程度上受到团队冲突性质和领导者处理冲突能力的影响；团队中的冲突是不可能消灭的，领导者要坦然接受这一事实，并通过引导保持冲突的良性发展。

巧用幽默，营造氛围

据相关调查，有幽默感的领导要比没有幽默感的领导，在团队工作效能方面高出 27%，具有幽默感的领导，其团队员工更加敬业、工作更积极主动。因此，领导者的幽默感也是一种强有力的领导力。那么，你是否具有领导者的幽默感呢？可通过以下三个问题进行自测。

1.开会时是以咄咄逼人的方式进行沟通，还是以幽默有趣的方式引导他人参与？

2.在向下属指派工作时，是否让对方感受到了压力？还是让对方激情满满地去接受？

3.在与对方沟通时，是让对方感受到了煎熬？还是让对方感受到了兴趣？

如果是后者，恭喜你，你是一位具有幽默感的领导者；如果是前者，我们则需要加强自身的幽默感。

一、领导者幽默感的重要性

1.体现个人魅力，提升个人亲和力。幽默的沟通语言是一门艺术，更是一种人格魅力。具有幽默感的领导者，能够拉近与对方的距离，在亲和力的加持下，更容易走进下属心里，与团队打成一片。

2. **活跃气氛，激励鼓舞士气。**通常领导者在给下属分配工作、指派任务的时候，较为严肃，下属通常会感受到巨大的压力，而采用幽默的沟通方式，可以减轻工作带来的压力，并可以一定程度地激发下属的士气。

3. **化解尴尬，构建顺畅的沟通渠道。**很多优秀的领导者会把幽默作为化解尴尬、打通沟通渠道的工具，在面对尴尬的氛围时，总是能够运用幽默的语言化解尴尬，使沟通渠道畅通无阻。

一家公司的高管去分公司视察工作，晚上分公司领导与这位高管一起用餐，分公司一位新员工负责接待。在新员工为高管倒酒时，由于过度紧张，导致分酒器没有端好，把酒倒在了高管的脑袋上，而更为尴尬的是这位高管是秃头。

一时间尴尬的氛围上升到了顶点，大家都安静了下来，分公司领导更是特别紧张，嘴里不断指责着下属的不小心，心想这可怎么办呢？

高管一边用纸巾擦着湿漉漉的脑袋，一边转过头对这位新员工说："你以为用酒就能治好我的秃顶啊！"

瞬间，尴尬的气氛烟消云散……

4. **化解冲突，消除误会。**冲突在职场中无处不在，冲突是无法被彻底消灭的。当然误会也时常会出现在我们身边，如果不能正确处理，误会就会演变成冲突，冲突就会演变成彻底的对立。但幽默的语言可以消除误会、化解冲突，会让领导者的掌控力更上一层。

比如两个不善言辞、内向的人由于信息不对称产生了误会，由于性格使然或者某些原因，彼此只是暗地里较劲儿，都不愿将事情挑明。这个时候，如果正式地提及此事，彼此都会有所戒备甚至故意躲闪，而如果采用幽默的沟通方式，在愉悦的氛围中沟通此事，那么误会很快就会消除，化解冲突亦是如此。

二、领导者幽默沟通的技巧

1. 答疑解惑式幽默。所谓答疑解惑式幽默，是指在认真倾听对方的话以后，用幽默的方式回答问题，这种方式通常能够给予对方较深的印象。

一位领导对从事销售工作的下属说："我认为你只能做销售工作，不能做其他工作。"

下属听到这话顿时有些紧张，回想这两年，工作做得还算可以，领导为什么会说这样的话呢？

领导紧接着说："你看你只用了两年的时间，业绩就做得如此好，这说明你的悟性特别强，如果你去做其他工作，岂不是要超过我这个领导了？"

下属听了之后紧张的情绪立马放松下来，原来领导这是在夸赞他呢！

2. 自嘲式幽默。自嘲式幽默是指通过自我解嘲的方式活跃氛围，化解尴尬，或者对某件事情的一种表态。这种方式因为不会伤害到对方，是一种最为安全且有效的幽默方式。

下属：张总，我们这个月超额完成了业绩，大家都表现得非常好。

领导：嗯，确实表现得不错。不过，你可不要只关注自己的表现，也要关注一下我的表现哦。

下属：您的表现？难道您也像我们一样需要考核业绩？

领导：当然！只是我的考核标准比较简单，就是看你们的表现是否足够优秀。如果你们表现得不够好，那我就会被"炒鱿鱼"了。

下属：哈哈，那我们要努力了，不能让您被"炒鱿鱼"啊。

领导：嗯嗯，好的。我们一起努力，让我们的团队更加出色。

3. 夸张式幽默。是指将事实进行夸张描述，给人一种不协调的感觉，从而达到一种喜剧感。

公司定于下午三点开高层会议，由于领导临时会见一位重要客户，在3点15分匆忙赶到会议室，桌子上放了一个杯子，领导准备喝一口水对大家表示歉意，谁知他掀开盖子后发现里面没有水，领导微笑着说："真是不好意思，让大家等太久了，你们看杯子里面的水都蒸发了。"

4. 正话反说式幽默。有些话正着说难免会有些枯燥乏味，而如果能够反着说，则会给人留下深刻的印象。

公司通知所有员工第二天穿工作服拍集体照，有一位员工不知道什么原因却穿了便装，领导问其原因，员工解释自己走得急忘记了，领导意味深长地说："你今天真是'衣名惊人'啊！"

总之，幽默的沟通方式虽好，但并不是适合每一个人，因为每个人的性格、表达方式都有所不同，同一种幽默方式，不同的人使用，往往会天差地别。所以，领导者要根据自己的特点选择适合自己的表达方式，这样才能达到最好的效果。

◎ **智慧掌控**

幽默能够让领导者更具魅力，而有魅力的领导者掌控力会更强。

领导者要学会严肃与轻松之间的平衡掌控。氛围过于严肃时，可通过幽默进行调节；氛围过于放松时，可通过领导者的威严施压。如果能让严肃与轻松保持平衡，领导掌控力就会大幅提升。

第三章
激励掌控——让"马儿"跑起来的领导方式

美国哈佛大学教授威廉·詹姆斯曾研究发现，在缺乏激励的环境中，人的潜力只能发挥出 20% 至 30%，如果受到充分的激励，人的潜力可发挥出 80% 至 90%。美国心理学家维克托·弗鲁姆在 1964 年就提出了期望理论，他认为：激励的效用 = 期望值 × 效价。

所以，团队管理离不开激励，领导者更不能不懂激励。懂得激励而且能够通过激励达到掌控的效果，这样的领导者就是卓尔不凡的。

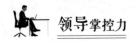

精神激励要直达人心

激励的方式有很多，而最核心的激励方式便是精神激励。精神激励是提升下属精气神的根本方式，所以，时刻让下属拥有饱满的精神是领导者的职责。

关于精神激励，不同的人有不同的理解方式，这里所讲的精神激励是指物质激励方式之外的一种激励方式。

一、精神激励的意义

1. **满足员工的基本情感需求**。从情感的角度讲，员工上班的目的是什么？那就是存在感与荣誉感，员工希望被认可、被尊重、被需要、有声誉等，对此，领导者精神激励的目的就是要满足员工的情感需求。员工的这些需求一旦被充分满足，那么其工作的能动性就会得到提升。

2. **与员工建立情感链接**。员工与领导者之间有没有情感、情感够不够深，不在于领导者给员工发了多少薪资，关键在于情感激励做得够不够。如果领导者与员工之间能够建立深厚的情感链接，彼此之间将不仅是上下级同事关系，还有可能是朋友、伙伴。

3. **培养员工快速成长**。精神激励的工作方式鼓励领导者为员工授权，因为通过授权，可以赢得员工的信任。

此外，当员工独自开展工作处理某件困难事件时，他们会更具有责任心，更加努力，而这个过程正是员工快速成长的过程。这便是精神激励的意义。

二、精神激励的方法

1. 榜样激励。榜样是一个人成长学习的目标，树立榜样如同给下属指明了努力的方向，如："小张是一位理解能力很强的员工，一点就透，我们要向他学习。"这句话有两个激励对象，一个是小张，另一个是团队其他成员。指明了其他成员在工作中要学习的目标，要像小张一样才会更加优秀。

需要注意的是，在使用榜样激励时，榜样要明确，不可笼统，具体指出要学习的点，并尽可能地提出向榜样学习的方法和路径，同时还应该注意，在树立榜样时不要给榜样人物太多的压力，还应防止其他员工的嫉妒心理和榜样人物的骄傲心理。

2. 荣誉激励。有位领导发现他的销售团队总是死气沉沉，没有活力，于是制订了荣誉考核机制，以一个月为周期，开设仪式感很强的销售技巧分享大会。在大会中，当月销售业绩第一名者可戴大红花坐在主席台分享成功经验，同时，领导者现场给予隆重的表彰。这样的活动刚执行了一个月，领导者发现团队成员在工作中比以往更加积极主动。

这便是荣誉激励，当业绩第一名者站在讲台上分享经验时，当领导当着大家的面对其进行表彰时，他就会感受到强烈的荣誉感，而其他人也会被这种荣誉感所激励，从而为荣誉而努力。

3. **承诺激励**。在管理中，领导不要轻易去做一些承诺，因为如果办不到，会影响自己在组织中的威信。但是，对于一些轻而易举就能办到的承诺，在必要的时候可以去做，因为领导的承诺，可以激发下属工作的动力。

比如领导者说："这份工作非常重要，如果你能够做得很好，我会向董事会建议将你纳入副总经理的候选人中，希望你不要让我失望。"

当然，有效的承诺一定要有针对性，如你送给盲人一面镜子就是没有针对性。所以在使用承诺激励时，首先要了解下属的需求，也就是他的痛点，然后有针对性地进行承诺。同时，对于所做的承诺，要遵守适度性、公平性、有限性的原则，也就是说，承诺对大家要公平，对自己要在能力范围之内，承诺的大小要适度。

4. **危机激励**。如果你是一名普通员工，突然有一天领导说："如果这个项目做不好，我们可能下个月会发不出工资，甚至我们大家有可能会失业……"

作为普通员工，当你听到领导这样说时，你是否会特别重视这个项目呢？我想一定会的，因为你感受到了危机。这便是危机激励。

5. **情感激励**。在管理上百人的团队中，领导者如果能够正确喊出一线员工的名字，那么，这个员工一定会非常高兴，工作也会更加卖力，这便是感情激励。

从这个思路出发，领导者可以对员工给予多样化的关怀、细节上的尊重、必要的帮助等，都会产生一定的激励效果。

总之，精神激励是一种无形且有力的激励方式，领导者可根据自身情况及员工特点有针对性地进行恰当的激励。

◎ **智慧掌控**

　　有人说物质激励是一种没有温度的激励，如果是这样，那么，精神激励便是一种有温度的激励。这种方式能够让员工感受到被爱、被尊重、被重视、被认可，更有助于团队氛围的融洽。

物质激励要满足对方需求

　　物质激励是我们常用的一种激励方式，通过给予对方一定的物质来满足对方的需求，从而激发对方的动力。

　　为此，我们要站在对方的角度考虑问题，首先回答这样一个问题：一个员工上班的最终目的是什么？

　　暂且不谈理想、抱负，对于大多数人来说，答案肯定是：挣钱，提高生活品质。

　　也就是说，上班挣钱是员工的基本需求，而实现梦想、抱负是在满足基本需求的基础上才会去考虑的东西。所以，作为领导者，对员工进行物质激励是最直接最有效的方式。

一、物质激励的方式

　　1. 物品激励。物品激励是指以实物的方式给予员工的一种奖励方式，如纪念日、节假日、员工生日等到来时为员工发放一些物品，属于公司福利，这种方式也可以称之为平均式物品激励，即每个员工得到的物品相同。这是当下很多公司都在采用的激励方式，具体到个人来说，效果一般。

还有一种方式是差别式物品激励，即根据员工的业绩给予不同层次的物品。比如有一家企业每年都会做这样一个活动，对业绩前三名的员工，给予五天五夜全包家庭免费旅游，对第四名到第十名的员工，给予三天三夜全包家庭免费旅游，这种差别式的物质奖励可以针对性地激发不同业绩的员工。

2. 金钱激励。金钱激励与物品激励相比更加实用。金钱激励也分平均激励和差别激励，比如有一家公司在国庆节来临之时每人发了 500 元现金，虽然也是一种福利方式，但相对于物品来说，这种激励方式的效果会更好。

同样，差别金钱激励要比平均激励的效果更好、更有针对性，更能有效提升员工的积极主动性。

3. 股权激励。随着物质激励的多元化，股权激励也成了很多企业激励员工的一种方式。股权激励的优势是能够将被激励者与企业的发展捆绑在一起，即企业盛个人盛，企业衰个人衰。

站在员工的角度，这种激励方式的特点是企业规模越大、越有前景，越容易操作，否则可操作性并不是很强。曾有一个朋友对我说，有一家企业邀请他去做运营经理，薪资要低于同行，但给他 10% 的股权，后来一听说这家公司才 5 个人，年营业额不到 50 万，马上拒绝了对方。我这位朋友说："这样规模的公司对他进行股权激励，根本就是骗子。"

所以，一个企业如果要进行股权激励，要量力而行。

二、物质激励的要点

1. 物质激励的最大特点在于见效快，缺点在于激励的时效短。 比如奖励员工一部当季最新款手机，这部手机只能让他保持一段时间内的激情，也许半个月，也许三五个月后他就逐渐失去了当初的工作激情。所以，在进行物质奖励时，一方面要做到快速奖励，另一方面奖励要与关键工作密切相关，比如一个项目需要在短期内完成，便可以采用这种激励方式。

2. 作为领导者，你面对的可能是个人，也可能是团队。 在进行物质激励时，对个人进行激励的同时还应该对团队进行激励，比如"金牌个人""金牌团队"，因为这样的激励更具有层次性和针对性。

3. 激励重在行为，而非结果。 物质激励要具有持续性，每一个微小的成功都可以进行激励，以此来保持被激励者稳定的行为，而非在有了良好结果之后再进行激励，当然，结果激励必不可少，但过程激励更为重要。

4. 物质激励要恰到好处。 比如，员工个人需要购置一台笔记本电脑，而正好公司因其表现优秀发了一台笔记本电脑，这位员工的心情肯定会非常高兴，这便是恰到好处的物质激励。此外，通过横向对比，物质激励要更具优势，这样才能让优秀的人才更加稳定。

5. 物质激励与非物质激励相结合。 任何一种激励方式的效果始终是单一的，因为每一种激励方式都有长处和短处。所以，在使用物质激励的同时，最好能够与非物质激励相结合，优势互补。

◎ 智慧掌控

物质激励不是万能的，也不是每个员工都能在物质激励的影响下提升工作热情，一个优秀的领导者能够用小的物质激励激发出员工百分百的热情，这才是物质激励的最高境界。要做到这一点，就需要把物质激励与制度相结合，与组织长远利益相结合。只有这样，才能更好地发挥物质激励的积极作用。

职薪激励，让能者上

升职加薪是大部分打工人梦寐以求的事情，显然升职和加薪是能够起到激励作用的，但是作为领导者，势必要站在企业的角度去考虑这种激励方式。

一、职薪激励的目的

首先，需要明白职薪激励包含两个要素，一是升职，二是加薪。

升职对于企业来说，它的意义有以下两点：一是选拔优秀人才，二是激励员工。

加薪对于企业来说，它的意义是通过付出更多的报酬来激发员工更加努力地工作，使企业获得更多的价值。

二、职薪激励的类型

职位晋升，薪资晋升。

职位晋升，薪资不变。

职位不变，薪资晋升。

三、职薪晋升的基本条件

组织内有空缺岗位时进行低级别向高级别的晋升。

组织由于发展扩充，工作不变，职位晋升。

新员工转正，薪资晋升。

根据薪酬制度进行薪资晋升。

四、职薪激励的技巧

表现优秀的员工是领导者激励的主要对象，但是采用什么方式激励？何时激励？采用哪种类型激励？都关系着激励的效果。只有采用合适的职薪激励类型，才能达到明显的激励效果。

职薪激励通常有三种类型，即职位激励、薪资激励、职薪激励。

职薪激励，即职位晋升、薪资晋升。相对于其他两种激励方式，这种方式力度最大，更能刺激员工。对于一些非常优秀的员工，我们可采用此种激励方式。其实，这是一种常规的激励方式，对于一些激励体系较为完整的企业来说，升职就意味着加薪，因为岗位不同薪酬不同。

职位激励，即职位晋升，薪资不变。对于一些非常注重职位的员工，当领导者无法准确把握其能力是否优秀时，可通过职位激励的方式对其进行一个短期考评，待能力达到或超出预想时，再进行薪资激励。一方面，从经济的角度讲，这种激励方式更为稳妥；另一方面，从激励本身来说，这种激励方式因为具有阶段性和连续性，所以效果会更加长久。

薪资激励，即职位不变、薪资晋升。与职位激励相反，对于一些能力出众又十分重视收入的员工，或者没有合适岗位晋升时，可先采用这种方式进行激励。其实对于大多数员工来说，薪资激励要比职位激励的效果更直接。但领导者需要明白，薪资一旦提升，要想降下来就比较困难。所以，使用这种方式激励时一定要谨慎。

五、职薪激励要点

1. 激励标准要明确且细化。 以公开的方式让员工知晓，因为只有明确了标准，员工才会有努力的方向。

比如有一家企业对经理升职为高级经理提出这样的标准：连续五年在 20 项考核中，有 18 项达到 A 就可以升职为高级经理。

2. 升职后称呼头衔要及时改口，线下纸质材料要及时修正。 如有一家医院，前天晚上院长发文将护理主任升职为医院副院长兼护理主任，第二天开会时院长说道："马院长要……"听到这个称呼时很多员工马上发出疑问，马院长是谁？新来的吗？大家细细一回想突然明白了，马院长不就是原来护理部的马主任嘛！这时只见马院长脸上洋溢着开心的微笑。不得不说，这位院长是明白如何激励员工的。

3. 坚守职位激励的基本要求。有些员工能当好一位优秀的士兵，却当不好将军。晋升的目的是晋升者要能够完全履行并胜任新的岗位，这是晋升的前提，也是职位激励的基本要求。不能为了激励而激励，胜任才是关键，激励只是手段。

◎ **智慧掌控**

职薪激励要对被激励者的能力有充分的把握。职位激励时最好设立试用期，避免被激励者的能力与岗位职责不匹配而造成麻烦。薪资激励要谨慎使用，且在使用时尽量把握"少量多次"的原则，来保持激励的持续性。

奖励的关键点

通过奖励来激发员工工作的动力是一种较为传统的激励方式，也是很多领导者常用的激励方式之一。在实践工作中，很多领导者在使用这种方式时不但达不到预期，甚至有时候会带来负面效果。如领导者经常奖励员工，员工久而久之形成习惯，如果有一次领导者不再奖励，员工就会觉得这是欠他们的。这是什么原因呢？

主要原因是领导者奖励的方式不对，或者是员工对领导的奖励产生了错误的认识。对此，领导者在奖励员工时，需要把握以下一些原则和技巧。

一、不做预告式的奖励

很多领导在激励员工的时候经常会说这样一句话："如果你……那么，我会给你……"领导者认为，这种预告式的奖励方式可以激发员工执行的动力，确实这种奖励方式可以一定程度地激发员工执行的动力，但是也存在问题，如员工在执行中会不自觉地把注意力放在争取奖励上，而不是解决问题上。此外，因为员工预先知道自己成功会得到什么奖励，在完成任务后，他会觉得这种奖励是理所应当的，对于领导者来说，奖励的效果就会大打折扣。

所以，领导者不应该做预告式的奖励，把"如果——那么"改为"既然——那么"，即"既然你……那么，我给你……"，这种奖励方式更能激发员工的感恩心理和工作动力。

二、奖励要给实干家

奖励一定要给那些提出解决方案的员工或者具体的执行者，而非那些仅仅参与的讨论者，如果非得两者都要奖励，那么提出方案者与具体执行者的占比一定要大。

三、奖励要给创新者

创新是社会发展的源泉，也是企业发展的动力，对于一些敢于创新的员工，领导者要重视。领导者对待创新的结果应当保持这样的态度：创新失败，鼓励再接再厉；创新成功，一定给予奖励。

四、奖励要看结果，而非过程

有些员工每天忙忙碌碌，并且时常加班，看起来很辛苦，可工作没有太大的起色；而有些员工每天准点上下班，工作业绩却一直很优秀。对此，你觉得应该奖励谁呢？

当然是业绩优秀的员工，那些时常加班而工作却没有起色的员工，不管是什么原因产生了看似不能理解的结果，但作为领导者要对团队负责，所以必须看结果奖励，而非过程。

五、奖励要及时

迟到的正义还是正义吗？迟到的奖励还算奖励吗？客观地说，是的，但作用力明显没有及时的正义或奖励大。在员工达到奖励标准或者工作非常出色时，要趁热打铁，及时地给予奖励，这样才能够将对方的热情提升到一个新的高度。

六、奖励忠诚者，而非思想波动者

有一位领导者，听人事说某位优秀的员工在招聘网站上投简历，领导者听了瞬间明白这个员工的目的。对此，领导者当月找了一个借口给了这位优秀员工 500 元的奖励，没想到的是这位优秀员工次月仍毅然决然地提出了离职。俗话说："强扭的瓜不甜。"运用奖励留人显然是一种不恰当的做法，通常的结果是鸡飞蛋打。所以，与其奖励想另谋高就的优秀者，不如把奖励给予优秀的忠诚者。

七、工作重点与奖励要一致

在管理学中有这样一句话："员工不做你想要的，只做你考核的。"领导者奖励什么，员工就会出现什么样的行为。反过来讲，企业的发展方向是什么，或者近期的工作重点是什么，那么就奖励什么。因为奖励有一个作用，那就是工作导向，倡导员工做重要的工作，从而促进企业的发展。

◎ 智慧掌控

把工作重点作为奖励的主要方向，这是员工行为导向的重要内容。

不做预报式奖励，奖励要及时，这样的奖励方式更具作用力。

奖励要谨慎，要准确，更要把握力度，按照员工做出成绩的大小给予不同力度的奖励，让奖励更有针对性。

惩罚的关键点

俗话说无规矩不成方圆，领导者要想让自己的指令更好地执行，势必要采用干预手段进行干涉、监督、助推员工的执行力。员工在执行的过程中出现偏差或者效率低下的情况，就需要有配套的惩戒措施，这样才能促进员工纠偏改正，否则领导就会失去威信，工作就会被无限拖延，下属自然也就会不服从。所以，惩罚作为一种激励手段，在领导力中具有非常重要的作用和意义。

既然惩罚在领导掌控力中如此重要，那么在执行的过程中应该把握哪些关键点呢？

一、惩罚要一视同仁

首先，要明白惩罚的目的是改正员工的错误行为，同时给其他员工警示并引以为戒。惩罚是让犯错的员工成长进步，不是为了专门惩罚员工而进行惩罚或者打击某人，如果是这样，惩罚就失去了激励的意义，也就失去了领导力的作用。

既然如此，那么在进行惩罚激励的过程中，领导者就要做到一视同仁，不能看人下菜碟。就是说员工犯了错，惩罚要一视同仁，不能区别对待，否则，这样的惩罚不但起不到任何作用，反而会为团队带来更大的矛盾及对立情绪。

此外，作为领导者，如果我们要让员工知道不能做什么，或者制订了惩罚规矩，那么自己一定要先做好表率，否则对员工的惩罚就是对自己领导力的亵渎。

二、惩罚要分级别

惩罚的方式不是只有一种，轻者轻罚，重者重罚，万不可一概而论。在管理中惩罚的措施也应如此，具体可参考以下几种方式。

1.情节较轻。是指员工的错误没有对结果产生太大的负面影响，并且是首次犯错，属于无心之过。对于此类错误可采用口头提醒、批评的方式进行警示，还可以对犯错者进行提醒指引之后，让其自己去改正错误。

这里要强调的是，情节较轻的批评，一定要象征性地批评或者采用一句话式的批评及提醒，切忌长篇大论式批评，避免小题大做式的领导作风，而且有效的批评往往是最容易让员工接受的批评。

2. 情节较重。是指员工的错误导致了后果的发生，但情况并不是很严重。这时可采用当众批评或者罚款的方式进行惩罚，同时以此警示其他员工引起重视。

3. 情节严重或非常严重。是指员工的错误直接导致了失败的结果。这种情况一定要采取严厉的惩罚措施，因为不处罚或者处罚打折扣都难以维护公司的管理制度，无法保障公司的正常运转，甚至对领导者的权威和公信力都会是一种挑战。

三、惩罚要有依据

惩罚是一种激励方式，既然如此，那么惩罚就不能随心所欲。对于同一件事情，不能因为心情好就不惩罚，心情不好就重罚，这不是一个领导该有的素养。

感情式惩罚没有具体依据，也就不能够服众。所以，要想让惩罚有效，让被惩罚者及周围的人心服口服，就必须建立相应的惩罚机制。

如果奖励是激发员工前进的动力，那么惩罚就是约束员工不犯错的红线，而且两者有一个共同点，那就是推动结果向好的方向发展。所以，把握好惩罚的依据，是有效的激励方式之一。

◎ **智慧掌控**

惩罚激励对事不对人，要根据犯错程度采用不同程度的惩罚方式，保持客观，绝不能为了惩罚而惩罚，让惩罚起到提升当事人能力、警示周边人犯错的作用即可。

第四章
文化掌控——让优秀文化推动变革

文化，大则兴国安邦，小则浸润心灵。企业管理离不开文化，管人用人更与文化息息相关。优秀的文化可催人奋进，腐朽的文化会侵蚀心灵。在一个团队中，文化对成员的影响如同地心引力，会用一种无形的力量掌控员工的行为。

创建领导者文化

一个领导者要想凝聚人心，除了运用一些管理技巧外，更重要的是文化引领，一个懂得用文化去影响、去引领员工的领导者是能够长久且稳定地带领员工成长的领导者。

而要想用文化去影响员工，就必须构建领导者文化，那么，什么样的领导者文化能够深入地影响到员工？

一、领导者文化的含义

所谓领导者文化是指领导者在长期的工作实践中形成的一种个人特质、价值观、理念、原则等具有明显个人特征的特点。这种特点是领导者工作的内驱力，是员工、团队工作的精神导向。

二、构成领导者文化的要素

1. **精神**。领导精神是领导文化的核心，包含领导者的作风、职业素养、行为准则、做事方式等。这些优秀的品质在长期的工作中会成为员工学习的标准，能够激发员工的执行力、学习力等，能够形成对领导的信任感和对组织的归属感，最终汇聚成一股精神力量，这便是领导精神在管理中的作用力。

　　既然领导精神能够激发引领员工积极的行为和理念，那么，就能够制约员工原先一些不好的习惯、观念以及行为，这便是领导精神的制约性。在一个组织中，领导精神的作用力越长久，辐射的面就会越广。

　　2. 价值观。价值观是人的一种意识形态，是对事物的一种客观看法，对于领导者来说，是引领员工观念认知的要素之一。比如在一个团队中，领导者的亲属因为给员工穿小鞋而被告发到领导者这里，这个时候，如果领导者能够秉公处理，那么团队成员除了会对领导者感到钦佩外，在工作中也都会以公正为准绳；而如果领导者在处理过程中偏向亲属，那么领导者身边必然会出现一批阿谀奉承之人。这便是领导者价值观在领导文化中的重要作用。

　　3. 形象。领导形象是被领导者对领导者的印象，这种印象分为内在印象和外在印象。比如员工觉得领导者是一位做事果断有魄力、待人友好的人，这是内在印象，反映在领导者身上就是前面提到的精神和价值观；员工觉得领导是一个邋遢、胡子拉碴、一年四季穿一件西装的人，这是外在印象，反映在领导者身上就是衣着外貌、言谈举止等。

　　可以回想一下，那些让自己敬佩的领导者，你对他们的印象是怎样的？

　　干净利索、衣着得体、和蔼可亲、雷厉风行等，其中必然有几项是你对领导者的印象。而且领导者的形象大多需要通过后天去提升，而非先天就有。所以，作为领导者要主动去修炼提升自己的形象，让你的形象成为你影响他人的要素之一。

　　4. 魅力。领导魅力是一种品质，也是一种素质，更是领导者文化的主要构成因素。有魅力的领导者能够赢得更多群众的拥戴，因而在交

际中更具说服力。

作为一个领导者，要如何构建自己的魅力文化呢？主要有这样几个方面。

（1）待人真诚。不管是对待下属、同事还是对待领导、客户都需要怀着一颗真诚的心。

（2）行为举止有风度。做人大方，出席任何场合、遇见任何人要不怯场，不失礼仪。

（3）有自信。懂得自我调节心理，始终把自信摆在态度的首要位置。

（4）幽默。用风趣的谈吐，增加亲和力，营造轻松、愉悦的交流氛围。

◎ 智慧掌控

领导文化是领导精神的一种体现，不同时期的领导文化具有不同的内容，作用也不尽相同。在当下经济高速发展的时代，领导文化的构建不仅要与企业发展需求相一致，还要与社会发展需求相一致，更要与国家倡导的文化相一致，这样的领导者文化才更具前沿性、更具生命力。

发挥引领者效应

在职场中，通常会出现这样两类员工：一类员工是领导让做什么他就做什么，让怎么做他就怎么做，从不做多余的部分；另一类员工是除了完成领导交代的工作之外，还会进一步完善创新，而且结果都是领导所喜欢的。对于这两类员工的不同表现，通常领导者都会在员工身上找问题，结论是前者工作按部就班，后者在工作中善于创新。但这真的全是员工自身的原因吗？

其实不尽然，深层次的原因是领导问题，因为领导的领导方式及影响力造就了员工在工作时的表现。如果一个领导者只是管理，那么员工就只会按照领导指示做事，这便是前者；如果一个领导者除了管理员工，还能为员工起到表率作用，为员工导入自己的工作理念，那么员工不仅会按部就班地完成领导指示，还能够进行优化创新，这便是领导者的引领效应。

一、什么是引领者效应？

引领者效应是一种不言而喻的影响力和能够让员工产生内驱力的力量，其作用力主要来源于表率，其力量主要来源于领导能力。

二、如何发挥引领者效应

1.**发挥表率作用**。俗话说："火车跑得快，全靠车头带。"领导是一个团队的领头羊，是团队的主心骨，所以必须充分发挥表率作用而且要尽可能地做给大家看，起到引导作用。

但需要注意的是，表率不是事事亲力亲为，而是对于团队缺乏的要素进行表率引导。

有这样一个故事：有一位知名企业家在下班的时候路过某部门办公室，看到部门经理一个人在默默加班，这位企业家推开门走到这位经理面前，不仅没有夸赞他，反而对其提出了批评，他说："作为部门领

导，我不希望看到你的员工下班了，而你还在默默地干活儿，你的职责是领导员工，而不是亲力亲为做工作，如果是这样，你领导的意义是什么呢？"

这个故事告诉我们，领导需要发挥领头羊的作用，而不是做一只羊。

2. 提升领导能力。包括制订有效的战略和计划，加强沟通和协调能力，以及管理团队资源并激发员工的积极性。同时，要关注团队成员的需求和发展方向，鼓励成员发挥自己的专长和优势，以增强团队的凝聚力和竞争力。

3. 激发员工的内在动力。领导者不仅要管理好人，运用好每个人的优势，更要懂得激发员工内在的优势和动力。一个具有引领者素养的领导，一定是一个善于挖掘人才、培养人才的领导者。总是听到一些管理者抱怨团队中没有人才，千里马难遇。其实每个人都有所长，只是管理者缺乏培养人才、挖掘人才潜能、激发员工内在动力的方法而已。

比如在了解发现员工的特点方面，领导者可以为员工打造一个富有开放性、支持性和挑战性的工作环境，并通过表率作用引导、鼓励员工积极探索和创新。

4. 领导力与企业发展状态相适应。企业发展阶段不同，目标及需求就会有所不同，对此，领导者的领导方式也应该随之变化。比如在企业发展初期，领导方式要人性化，随着企业规模的不断壮大，人员的不断增多，领导方式要倾向于制度化。有些企业发展得很快，但领导者的领导方式一直没有变化，导致企业发展所需要的氛围与实际工作氛围不匹配，导致企业发展到一定程度后便停滞不前，甚至出现倒退的现象。

◎ 智慧掌控

发挥引领者效应需要领导具备高度的责任感和使命感，关注团队成员的需求和利益，积极影响和激励团队成员。通过正确的领导风格、树立榜样、建立信任关系、明确目标和愿景、给予激励和支持、营造积极的团队氛围以及持续学习和成长等方式，可以更好地发挥领导效应，激发团队的潜力和创造力。

领导者思想构建

思想是文化的重要组成部分，领导者的领导思想是领导文化的重要元素，可以说什么样的领导思想就会造就什么样的团队文化。同时，也决定着团队的氛围乃至团队战斗力。

那么，一个优秀的领导应该构建什么样的领导思想呢?

一、大局思想

谋大事者必定要布大局，胸怀全局，才能把准方向，行稳致远。这是领导者首先要具备并任何时候都不会动摇的一个思想，做任何事情及决定都要从团队的利益出发，而非个人利益，因为你代表的是团队。享誉美国的领导力和人际关系大师约翰·麦克斯韦尔曾说："具有大局思想的人会意识到，除了自己的世界，还有别的世界；他们努力走出自己的世界，用自己的眼睛观察别人的世界。"跳出局部思维，用全局的眼

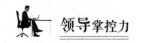

光看问题，这就是领导者的格局。

有一位医疗行政单位的员工，主管医疗机构的发展、管理及引导工作。他在一次检查中对一位医院的院长说："高层的主要职责是做正确的决定，中层的主要职责是协调上下关系，基层的主要工作是做好事情。"他说得非常正确，但领导者如何才能做出正确的决定呢？根本要素就是大局思想，以团队利益为考量，而不受个人利益、情绪的影响。

二、平等相待的思想

有人说领导者就得有威严，有压迫感，这样才能让下属无条件服从，执行力才会高效。如果是这样，岂不是和平等相待的思想相矛盾？

威严和平等相待其实并不矛盾，威严并不是站在高高的位置上通过发号施令而获得的，不是通过压力让下属被动服从甚至屈从而形成的，而是通过平等沟通、共同达成某个目标日积月累留下的。

所以，领导者在管理下属时，尤其是在与下属探讨沟通问题时，一定要抱有平等相待的思想。一方面，可以拉近与下属之间的距离，让沟通氛围更加和谐、愉悦；另一方面，可以激发下属畅所欲言的欲望，有助于高效解决问题。

三、反思总结的思想

法国哲学家笛卡尔说："我思故我在。"意思是说，当我认真思考的时候，我才能感受到自己价值的存在。从领导者的角度讲，这里的"思"可以理解为反思与总结，即对已经发生的事情进行反思总结，哪些是需要继续保持的，哪些是需要改进甚至丢弃的。同时，一个懂得反思总结的领导者也会带动员工进行反思总结，从而促进员工的快速成长。

四、共享思想

近几年共享经济火热，如"共享汽车""共享单车""共享厨房""共享充电宝""共享轮椅""共享洗车"等，可以说"共享"已经渗入各行各业。作为领导者，也一定要具备共享思想。一方面有利于商业模式的深耕，而更重要的另一方面是对团队成员的高效管理。

如向员工共享领导者的工作经验、成单技巧，共享领导者的奇妙点子、建设性意见等，这一共享行为可以拓宽团队成员的思路，而更重要的是在团队中形成一种文化——共享文化。试想一下，如果团队中每个人都把自己的经验与其他成员共享，那么这个团队一定不会差。

五、利他思想

鬼谷子说："你的路越走越窄，是因为你帮助的人太少了。"相信每一个经历过许多故事的人对这句话都颇有感触。

成功者为什么能够成功？原因之一是赢得了他人的信任，从而获得了更多的资源。那成功者获得他人信任的方法是什么？没错，就是利他思想。

有一位商人遇到了现金流困难，眼看企业就要倒闭，在最后关头，幸好一个火车上认识的朋友为他引荐了一位投资人，从而使问题得以解决，企业存活了下来。商人非常感激这位朋友，于是主动邀请他做企业的运营名誉顾问，并给其2%的股份，朋友也欣然接受了邀请。这位朋友通过自己的资源，为企业带来了更多的利润。

利他思想的道理很简单，你为他着想，他就会为你着想，这便是共赢。在团队管理中同样也适用，你为员工着想，体谅员工，员工就会为你、为团队着想，显然领导者的这种思想也是团队文化的主轴。

◎ 智慧掌控

领导者的思想决定了团队氛围，关系到团队成员的思想，构建了基本的领导思想架构，是领导者文化的底蕴，更是促进团队文化的动力。

稻盛和夫曾在《活法》一书中说："利他就是经商的原点。"从领导力的角度讲，"利他是领导力的原点"。

危机文化，适者生存

古语有"生于忧患，死于安乐"，俗语有"有病早治，无病早防"，可见人们对危机意识的重视一直没有间断，对危机意识的重要性从来没忽视。

作为领导者，我们深刻知道危机意识是团队发展的原动力之一，是企业竞争的有效之法。危机意识能够让团队成员居安思危，能够时刻保持努力奋斗的状态，所以，我们需要构建"危机意识"的企业文化，要让团队成员有忧患意识，但是如何树立？如何培养？却无从下手。

其实，构建"危机意识"文化，我们只需要做好一个循环一个效应就可解决。

一、一个循环

所谓一个循环即：呈现危机——探讨危机——化解危机。

1. 呈现危机。一个长期没有遇到危机的团队是危险的团队，也是不可能走得长远的团队。任何一个企业或团队，只要发展，必然会遇到各种各样的危机。从发展的角度讲，这既是危机，也是发展的标志。

所以，如果作为领导者，你发现团队一直没有危机，那么就要警惕了，团队是不是在发展？员工是不是在成长？为此，我们要"没事找事"地去制造一些危机，呈现给团队成员，让他们去感受危机。这是构建"危机"文化的基础。

2. 探讨危机。面对危机，领导者要做的当然是去化解。在这个过程中，尽量让团队成员都能参与其中，而不是领导者有能力，一声不吭地自己去解决。

首先，根据危机事件的影响力，尽可能让更多的人知晓团队面临的危机是什么。当然，对于一些事关机密或者消极的危机，可根据涉密程度及影响力加以控制。

其次，分析危机是如何造成的。导致的最坏结果是什么？团队及团队成员承担的最坏结果是什么？

这一步的意义是让团队成员深入地认识危机，客观地看待危机，明白不管是在个人成长还是团队发展中，危机都是长期存在的，是不可避免的。危机如果不能化解，团队或个人都要承担相应的结果。

3. 化解危机。化解危机即寻找解决危机的方法。首先，通过寻找化解危机的方法来激发员工的主动性，让员工明白团队面临的危机不仅事关团队，更事关个人发展。其次，锻炼团队成员群策群力的意识，让员工明白，只要大家一起努力，任何危机都是可以化解的。

这种长期让团队保持"危机"文化的重要方式，一方面，可以让团队成员时刻保持危机意识，理解未雨绸缪的重要性；另一方面，可提升团队以及成员解决危机的能力，锻炼面对危机时沉着冷静的心态。

同时，通过"危机"循环，要让员工意识到，如果自己的能力、技能无法与企业发展相匹配，那么就可能被他人替代，被企业淘汰，被时代遗弃。

任正非曾在《华为的冬天》一书中说："公司所有员工是否考虑过，如果有一天，公司销售额下滑，利润下滑，甚至破产，我们该怎么办？'泰坦尼克号'也是在一片欢呼声中出海的，如果盲目乐观，危机很快就会来临。居安思危，不是危言耸听。"所以说，让员工提升危机意识，团队才会更快地发展，员工才会更快速地成长，手里的饭碗才会端得更牢固。

以上"一个循环"可以让员工深度认识、正确理解危机，且效果可能也是周期性的，那么如何让员工时刻保持危机意识呢？

有一个很有效的方法，那就是鲶鱼效应。

二、一个效应

有一片海域盛产沙丁鱼，一个渔夫打完鱼运到码头后，发现总会死去一部分，而且总是找不到原因。有一次，他偶然打到一条鲶鱼，就和沙丁鱼放在了一起，到了岸边后，他发现，这次所有沙丁鱼都活着。原来，由于鲶鱼是沙丁鱼的天敌，当把一条鲶鱼放到一群沙丁鱼中后，它就会攻击沙丁鱼，从而使得沙丁鱼拼命地游动，一直保持着活动与求生的欲望。

这便是鲶鱼效应，领导者如果能够在团队里放一条"鲶鱼"，同样团队成员就能够长期保持较强的动力，"危机"文化也会自然形成。

然而，很多领导者都在用这个方法，但效果往往不理想，主要原因是"鲶鱼"的数量和"投放"的位置不对。

以一个运营单元（部门）为单位，如销售部、财务部、后勤部等，一个部门"投放"一个即可；在团队成员数量不多或组织结构不健全的情况下，只需投放一条鲶鱼即可。因为数量太多，用力过猛，可能会导致一些成员放弃，适得其反。

◎ 智慧掌控

物竞天择，适者生存，劣者淘汰，这是自然法则，很多人都明白其中的含义，却不知道自己该如何做，而危机文化的构建就是让团队成员不但知道其意，更懂得如何去做。

危机能够激发团队或个人的生存潜能及斗志，用危机"文化"去激励下属，能够激发团队活力，促进团队快速成长。

勇士文化，"生作人杰，死为鬼雄"

如果说企业文化是一个组织的灵魂，那么，企业中的勇士文化就是让这个灵魂更加"有趣"的原动力，是企业发展的重要支撑力。

因为勇士文化是执行力的驱动者，是面对困难挫折的内力，是向成功靠近的引力，更是做人的优秀品质。记得在二十世纪八十年代，陈先生班里的一个同学个子很矮，但是在班里很"厉害"，谁也不敢惹他，用现在的话说就是班里的"小霸王"。他的特点是为人并不坏，只是别人不敢说的话他敢说，别人不敢做的事他敢做，显得格外引人注目。这就是大家觉得他"厉害"的原因吧。

多年之后，那时候的同学都已各奔东西，大多已结婚生子，干着自己该干的事。直到有一次回老家，陈先生偶然间与儿时的小伙伴聚在了一起，得知在儿时的那一帮人当中，只有那位"厉害"的同学发展得最好，现在是某集团公司的董事长，身价上千亿。

这个故事说明，不管你现在有没有能力，有没有机遇，但只要你有足够的勇气，就能够在历练中提升能力，遇到机会。

在一个企业团队中，个人的这种思想意识能够让团队更加具有活力。所以，团队需要勇士文化，而要打造好勇士文化，首先要培养团队成员的勇气，这是让勇士文化发挥积极作用的根与魂。

那么，具体该如何操作呢？

一、培养勇挑重担的精神

对于一般员工来说，面对重担，他会绕路走，而对于优秀员工来说，他会主动承担；对于领导者来说，做困难的事情能够促进个人快速成长。团队是一个整体，领导者要做的是让团队成员都能够成长，所以，让那些一般的员工能够主动承担责任，是领导者的责任之一。

首先，向员工阐述"重担"的深层次意义。

其次，表达你对快速提升员工能力的期望。

最后，能力与收入的正比关系。

事实上，以上三点每个人都懂，也是一个人成长的基本路径。只是有些员工被一些歪风邪气所影响，总是怕吃亏，对企业、对领导有偏见，所以领导者需要用勇士文化循序渐进地对员工进行熏陶。

二、培养敢打敢拼的精神

工作遇到困难怎么办？看到机会怎么办？面对新目标又该如何？当然是发扬敢打敢拼的精神。然而，总有一些员工性格保守，面对机会，前思后想，不敢下手，面对目标，还没有执行就开始担心自己做不到，这类员工做一些基础工作是没有问题的，但稍微遇到一点困难就会产生打退堂鼓的心理，对于企业来说，虽无害，但也不会带来大的惊喜。

领导者要做的是提升团队的整体战斗力，所以，领导者要有意识地去培养这类员工敢打敢拼的精神，以此来提升整个团队的战斗力。

三、培养坚持不懈的精神

曾经有位名人说，做一件事情很容易，十几年如一日地只做一件事就不容易了，这充分说明了坚持不懈的不易。在一个团队中，不断实现目标、不断成功是发展与壮大的显著特点，当你达成一个小目标、实现一个小成功后，需要员工继续发扬坚持不懈、再创辉煌的精神，而不是满足于现状。

但很多时候，一个团队在取得一些小成就后，成员势必会产生懈怠心理，心想："终于成功了，可以歇歇了。"当然，"歇歇"是没有问题的，但有些人身体"歇"了，心也会跟着"歇"下来，这就可能会影响接下来的工作。

领导者要让员工知道，身体可以"歇"，但一定要保持一颗坚持不懈、勇攀高峰的心，所以一些团队会开庆功宴来庆祝成功，而领导者一定会说"我们要再接再厉，争取明年……"之类的话，这也是勇士文化的一种形式。

◎ **智慧掌控**

勇士文化要以"勇"为核心，平时可通过一些小活动、小游戏等进行熏陶培养，以一些成功人士为素材，以他们连续作战的作风、勇往直前的精神等为焦点，鼓励员工敢于面对挑战、追求卓越，并在困难面前保持坚定的信念和勇气。

第五章
执行掌控——用行动掌控方向

从管理的角度讲，执行力是要求员工保质保量完成工作的一种能力，是将战略、计划转化成结果的关键。但你是否知道在这个过程中，有一些环节还是领导者掌控人员、事件等走向变化的关键？

目标明确，让"他们"清晰地看到你的目标

有目标才能有执行，清晰明确的目标是高效执行的前提。在一个团队中，领导者的目标即整个团队的目标，领导者如果没有明确的目标或目标不清晰，或者员工没有看到，或未能理解领导者的目标，那么，团队成员就会像无头苍蝇一样找不到方向，或执行不到位，或执行效率低，掌控力自然无从谈起。

所以，领导者在行动之前，一定要有明确、可行的目标，且目标要清晰明了，能够让团队成员充分理解，这样才能为员工指明执行的方向，团队执行力才会有效。当然，领导者的目标关乎整个团队的发展，要制定一个明确的目标并不是一件简单的事，具体做法可参考以下几条。

一、明确目标方向

作为领导者，首先需要明确组织的发展方向和目标。这意味着需要确定短期和长期目标，并将它们与组织的使命和愿景相结合。同时，确保目标符合组织的价值观，从而确保组织发展的正确性和一致性。从目标的属性看，一般分长期目标和短期目标。

长期目标：如五年规划、十年规划等。

短期目标：年度目标、季度目标、项目目标、阶段性目标等。

不管是长期目标还是短期目标，要想让目标有意义，领导者需要注意以下两点：

首先，目标要具有可行性，团队通过努力是可以实现的，切勿好高骛远。如一个注册不到三个月的新企业，领导者说："我们今年的目标是成为省内的龙头企业。"显然，这是不可能实现的，员工估计也只能当作笑话听。

其次，目标最好能够量化，尽量少用一些空泛、笼统的语言。比如有位领导说："我们这个季度的目标是创造佳绩，让集团对我们刮目相看。"佳绩的标准是什么？达到什么阶段才能让集团刮目相看？这些都是不可量化的，所以，这样的目标是没有意义的。而如果说"这个月的目标是团队业绩达到 500 万""今年的目标是我们的产品在市场中要达到 20% 的占有率"等，这样的目标才是清晰、可量化的，团队成员就容易把握理解。

二、分解目标

要想实现目标，领导者要懂得分解目标，对目标进行精细化分解，即分摊到具体部门或个人身上。

分解目标的方法通常有两种：

1. 指派分解。 即在分配目标任务时不与下级商量，由领导者制订分配方案，以命令的形式对部门或个人进行指派。这种分解方式尽管看起来高效直观，但由丁未与下级进行沟通，所以执行起来会比较困难，原因是执行中员工的积极主动性会比较差。

2. 沟通式分解。即通过与下属进行沟通、探讨，最后形成统一意见，将目标任务分配给下属，显然下属更容易接受这种分解方式，执行起来会更加高效，员工的积极主动性也能够得到充分调动。

三、解读目标

不管是长远目标还是短期目标，目标在形成后，领导者一定要向下属进行解读，以确保上下级对目标理解的统一性。

领导者在解读目标时可从以下三个方面进行：

目标对于团队发展的意义；

目标执行的关键点；

目标对于个人的意义。

四、目标探讨

在制定目标时或执行之前，领导者要与下属进行一次深入的目标探讨活动，这个活动的目的是引导员工各抒己见，从各个角度对目标进行一次全方位的解析。通过这个活动，一方面可以让执行者更加深入地了解目标；另一方面，在群策群力的作用下，发现问题、漏洞，以便及早查漏补缺，确保目标执行的顺畅性。此外，在探讨的过程中，领导者还可以化解下属心中的疑惑，提升下属执行的积极能动性。

五、制订替补方案

任何目标在执行过程中，对于某些环节都会遇到这样或那样的困难，有些通过努力可以解决，有些却难以解决。对此，领导者要及早制订替补方案，以便于总体目标的实现。

有一家餐饮企业计划在一年时间内在全国各地共开设三十家分店。分解目标是精选了三十个城市，每个城市开一家店，由各城市的项目负责人负责达成。

在第八个月的时候，二十九个城市的项目负责人都完成了目标，唯有一个城市还没有完成，总经理要求该城市的项目负责人一个月内完成，然而一个月过去了，依然没有完成。眼看一年的时间就要到了，项目负责人也尽力了，但目标依然没有完成。

对于此种情况，如果领导者在前期能够多选几家备选城市，并以储备的方式进行市场调研、了解，那么，当这个城市的项目推进出现问题时，马上可以转换到备选城市，总年度目标就不会受到影响。

◎ 智慧掌控

领导者在目标设定与达成的过程中要充分考虑各方面因素，注重明确目标方向、制定实现策略、高效沟通与协调。同时，根据实际情况做好各种突发情况的备选方案，确保组织目标的顺利实现。

果断行动，让"他们"看到你的魄力

领导者作为团队的管理者和指挥者，在带领团队成员执行工作的过程中，首先，自身要具备一定的魄力，即在原则上要坚定，在决策上要果断，在行动上要雷厉风行。比如当我们确定决策正确无误时，就要坚定不移地按照计划去执行，即使有流言蜚语、困难挫折，也不能为之所动；当发生突发事件时，要做到不慌不惊，果断采取有效措施；当遇到发展机会时，要理智判断，快速决策，把机遇掌握到自己手中。

从团队发展的角度讲，领导者的魄力尤为重要，乃至关系着整个团队的发展前景；从员工执行力的角度讲，领导者的魄力是激发并引导团队高效执行的最佳良药。

那么，作为领导者如何做才能让自己更具魄力呢？具体可参考以下几个方面。

一、决策以事实为依据

做决策是领导者的主要工作之一。在做决策的过程中，首先要以事实为依据，客观判断是否具有可行性，这是正确决策的基础，而不是一时心潮澎湃做决定。

有一个从事健康产品的销售团队，销售经理看到近几年直播卖货非常火爆，而且听说有些主播一晚上的销售量比自己一年的销量都高，于是他非常心动。

销售经理第二天上班到公司后立即开会，宣布成立直播团队，由团队成员担任主播、拍摄等工作。当天晚上他们便磕磕绊绊地直播了一场，不但一件产品没卖出去，为了提升人气自己还搭进去一个"火箭"。

就这样，连续直播了一个月，效果甚是不理想，一些销售员由于忙于直播，未能出去开拓客户，导致业绩下滑，收入直线下降，情绪很是消极。

显然，这位销售经理的决策是有问题的。他只看到了直播的优势和效果，却没有考虑到可操作性，甚至都没有搞明白有关直播的运营、文案、主播、后台等岗位的意义。所以，他的决策是在想象中做出的，执行困难也就不奇怪了。

二、分清主次，抓重点

领导者在统筹安排工作或执行的过程中要明白什么是主要问题、什么是次要问题、什么是重点问题。对于主要问题，要首先解决；对于重点问题，要始终保持对该工作的紧迫感和重视感，并且要优先执行解决。

三、敢于为维护利益叫板

当团队利益或团队中的个人利益受损时，领导者要敢于站出来去主持公道，追寻正义，为团队或个人争取正确的结果。

在某城市发生过这样一件事情：有一位快递小哥在某小区送快递时不小心与一辆突然倒车的黑色轿车发生刮蹭。在轿车驾驶员下车后，快递员赶忙上前道歉，不料却被轿车驾驶员连续打了几记耳光。驾驶员一边辱骂快递员一边又打了几记耳光，不到两分钟的时间，驾驶员总共打了快递小哥六记耳光。

快递公司的老板得知此事后非常生气，在朋友圈郑重说道："我向所有的朋友声明：如果这事不追究到底，我不配再做总裁！"

随后警察介入，事故原因是黑色轿车违规在先，负全责。黑色轿车驾驶员打人，被行政拘留十天。

快递公司老板这种严肃的表态对于该公司所有快递员来说，无不鼓舞人心，员工的战斗力、凝聚力得到了进一步提升。

所以，领导者在面对上级或第三方时，敢于为员工、团队争取利益

或者追求公平，员工的团结之心就会更加牢固。

四、敢于承担风险及责任

首先需要强调的是，领导者敢于承担风险与责任并不是说领导者就可以鲁莽行事，做决策不计后果。其次，我们要明白做任何决策、做任何事情都会有一定的风险，因此，领导者要有失败的思想准备，懂得"失败乃成功之母"。在失败时，领导者要敢于承担责任，复盘寻找原因，取长补短再出发。

领导者这种敢于面对风险、承担责任的做法必然能够赢得团队成员的进一步信赖，因为他们看到你是一个光明磊落、敢做敢当的人。这既是领导者的魅力，也是魄力。

五、赏罚分明，说到做到

当下属的执行结果未达到目标时，要坚定地让其承担起自己的责任与义务，按照制度处罚。这样，一方面为其他员工树立榜样或给予警示；另一方面也是领导者魄力的展现方式之一。比如团队中有一位员工，因为连续三次无故迟到被领导辞退了，其他员工会怎么想？首先，其他员工以后肯定不会轻易迟到；其次，其他员工会觉得这位领导是一个很有魄力的人，绝不会姑息纵容员工的糟糕表现。

◎ **智慧掌控**

领导者的魄力，就是做出大胆和及时的决定，一针见血地切中问题的要害。坚持高标准、严要求，以实事求是的方式快速做决定，奖罚及时。

流程清晰，让"他们"知道该怎么做

通常，领导者是目标流程的制定者，下属是具体的执行者。而对执行者来说，清晰的执行流程对于快速、高效、高质地实现目标具有非常重要的意义，因为只有他们知道该怎么做才能做得更好。所以，制定清晰的执行流程是领导者的重要职责之一。

一、清晰流程的基本要素

1. 结果明确。即通过执行我们要达到的目标是什么，比如一个月的时间，团队营业额要达到 100 万、市场占有率要达到 60% 等，这便是一个明确的结果。然而在实践中，有些领导者常常会忽视一个非常重要的问题：目标很明确，结果却不明确。

王先生曾经在一家生产康复医疗器械的企业工作。由于我国人口老龄化趋势越来越明显，老年病患逐年上升，康复特别是老年康复的需求会越来越明显。对此，有专业人士分析，康复是一个万亿级的市场。显然，这是一家非常有潜力的企业。

当时王先生在该企业主要负责策划运营工作，董事长制定了一个两年目标，即成为省内第二的康复医疗器械生产企业。当时省内有好几家同类企业都做得非常不错，年生产量、销售量大多在本企业之上。

董事长在全员大会上说："我们的两年目标是做到全省第二，大家有没有信心？"大家齐声喊道"有"，然后就没有了下文。

结果两年之后，企业发展状态依然如初。原因就是目标很明确，结果不明确。全省第二的标准是什么？董事长并没有清晰地划分出来，这就导致中高层领导不知道该怎么去分解目标，基层员工不知道该怎么执行，所以执行结果自然达不到预期。

因此执行结果一定要明确，最好能够用数字量化，或者具有参考标准，并进行初步分解。

2. 期限明确。执行完所有流程需要多久完成，执行某一环节需要多久等，都需要有明确的期限。一方面，执行者可根据个人能力、时间进行合理安排；另一方面，可有效督促执行者积极执行，确保流程执行的时效性。

3. 任务明确。执行者要做什么，各个执行环节的重点是什么等，都需要明确，让执行者清楚地知道自己要做什么。这有助于确保每个成员都清楚自己的角色和职责，并知道如何执行他们的任务。同时，可以让团队或个人制订相应的执行计划，集中精力和资源去完成任务。

4. 责任人明确。作为领导者，你可能领导的是一个团队、一个部门、一个小组，或者一个员工。不管是团队还是个人，在执行流程中，一定要明确执行责任人，且最好能够将每一个环节的责任落实到人，让每个团队及个人明确自己的责任，避免在执行中出现推诿或扯皮的情况。

有一家医院在准备迎检工作，院长首先将迎检流程清晰地列了出来，然后根据流程将各个环节分配到了各个科室，最后非常严肃地说："各科室主任负责各环节的执行工作，哪个环节出了问题，哪个科室主任负责。"结果在第二天的迎检工作中，科室主任比任何一个人都积极。

只有责任到人，流程才有实际意义，执行才能更有效果。

二、清晰流程所具备的特点

1.流程衔接性。首先，流程是执行的向导，唯有清晰的流程，才可能有正确、高效的执行。所以，领导者要制订出清晰且阶段性的流程，比如第一步、第二步、第三步……再比如第一季度、第二季度、第三季度等。

其次，流程要具有较强的衔接性。所谓衔接性，就是第一步与第二步之间要无缝契合衔接。有些领导者流程制订得非常清晰，可是在执行的过程中，总是会出现断层。比如第一步执行结束后，第二步迟迟不能开始，原因是或没有做好前期准备，或第一步与第二步没有多大关系。如同做饭，菜洗好了，却找不见菜刀，导致无法继续做饭。

2.流程连贯性。流程不连贯，执行中容易出现顿挫感。比如要做一碗面条，合理的流程是洗菜、切菜、炒菜、煮面条，而你制订的流程是洗菜、切菜、煮面条、炒菜，显然，后者与前者相比连贯性要差很多。

事实上，缺乏逻辑性是流程连贯性差的主要原因之一，所以领导者在制订流程的时候一定要有逻辑性，要由一到二，而不是由一到三。

◎ 智慧掌控

结果、期限、任务、责任人是流程高效执行的重要元素，要明确；流程的清晰性、衔接性、连贯性是流程执行的基础，要合理得当。

高效执行，让"他们"自我团结

自行车的链条是一个个连接环连接起来的，自行车之所以能够顺畅地转动，是因为每一个连接环都能够与其他两个连接环紧紧相扣，这便是每个连接环高效执行的结果。同理，在团队执行中，如果团队执行越好，那么成员之间就越团结。

那么，领导者如何做才能让团队在高效执行中变得更加团结呢？

一、合理分配资源

为了达到执行目标，在执行过程中，领导者需要根据执行流程的实际需要，合理分配所需资源，比如人力、物力、财力、时间等。

首先，要根据各个执行环节的重要程度安排合适的责任人，要确保责任人能够胜任。

其次，根据执行目标的投入产出比，资源投入既要充足，更要合理。既要有充足的资源保证团队的执行，又要节约使用，杜绝铺张浪费。

一家成立不到半年的公司融资了一笔钱，老板在做资金使用计划时，将四分之二分给了研发部门，四分之一分给了运营后勤部门，另外四分之一分给了营销。直到这笔资金用完后，老板发现，新产品没有几款，销售没有达到预期目标，运营后勤也没啥起色。

钱花光了，却没有达到预期，为什么会出现这种情况呢？主要原因是资金分配问题。对于一个新公司来说，首要任务是让自己活下去，那么，就必须把营销业绩放在首位，其次是产品研发，最后才是运营后勤。所以，领导者在分配这笔资金时正确的做法是首先充分保证营销的费用，占比要做到最大。总之，资源分配的原则就是要分清主次。

二、高效沟通协调

在目标执行的过程中，领导者必须建立通畅的沟通渠道，让执行信息共享，让执行进度互知。比如有的领导在带领团队执行某一项工作时，喜欢建一个微信群，规定每个人每天都要在微信群里进行一次工作进度汇报。

这样做的好处是：一是每个人都了解其他人的工作进度，自己需要什么，对方需要什么，大家都会有一个提前准备；二是遇到问题大家可以通过探讨寻找解决之策，一方面加强了沟通，另一方面有利于问题快速解决；三是领导者能够及时有效地把控整体的执行进度。

这种高效沟通的协调方式能够保证团队执行方向、进程的一致性，可有效推进执行目标的实现。

三、监督反馈评估

执行过程中的监督反馈万不可缺，领导者要建立科学的监督反馈评估机制。

监督机制：根据执行目标，定期或不定期地检查每个阶段的执行情况，以确保执行方向正确，执行高效。

反馈机制：为执行者制定相应的汇报反馈机制，如定期会议或晨

会，并鼓励执行者提出具有建设性的意见。

评估机制：在执行过程中，领导者要进行评估，确保执行过程一直在正确的轨道上；在执行结束后，更要进行评估总结，罗列执行的优点和不足，为下一次执行提供有效参考。

四、调整改善不足

在执行的过程中，总会出现这样那样的不足，或者发生一些难以预料的事情，这都属于正常情况，作为领导者也应该具备这种应对突发事件和调整改善不足的能力。

对于在执行过程中出现的问题，有些是流程问题，有些是成员执行问题。不管是什么问题，领导者在调整的过程中，要以执行目标为大方向，以执行高效性和正确性为标准，最终确保执行过程对执行目标是积极的。

◎ **智慧掌控**

执行在良好的沟通中变得高效，成员在互相协作中变得更加团结。把不同特点的员工放在合适的位置，以共享执行进度信息为方式，以各团队执行目标为标准，以协作为促进力，让成员团结与高效执行互相作用。

监管到位，让"他们"没有侥幸心理

在职场中有这样一个词叫"摸鱼"，意为员工在工作中拖延偷懒，俗称"磨洋工"，而员工的这种行为会导致整个团队执行效率的极大降低。对此，为保证执行力的高效进行，领导者需要制定一套有效的监督体系。

一、监督目标任务落实情况

当领导者把执行目标明确化并进行分解，指派到个人或团队后，要对任务的落实情况进行有效监督。因为目标任务的分解指派并不等于已经落实，只有真正落实才有执行的可能。

有一个领导者对一位团队负责人说："你要在一个月之内把这个项目拿下。"团队负责人满口答应，但回到团队后，负责人并没有实质性的行动，既没有开团队会议，也没有分解执行任务给团队成员。整整一个星期，除了忙日常工作之外，偶尔会思考这个项目该如何拿下。

团队负责人的表现便是未落实目标任务的典型，出现这种情况的原因可能是负责人工作太忙忘记了，也可能是未重视，忽视了。总之，不管什么原因，导致的结果便是执行不力。

这种情况在团队执行中较为常见。所以，领导者将工作任务指派到个人或团队后，首先要做的是对工作落实情况进行监督，确保执行条件的具备。

二、监督执行力度

执行力度的强弱关系着执行效果的强弱，执行力度与执行团队及个人的能力有直接关系，但通常情况下，真正影响执行力度的是执行团队中个人的态度以及任务与个人能力的匹配度。

执行人员如果态度有问题，即使执行者能力再强，工作再简单，也会被拖延；团队管理者在分配任务时，如果执行者要做的工作并不是自己所擅长的，而自己所擅长的被分配给了其他人，那么，整个团队的执行力度也会大打折扣。

所以，领导者对执行力度的监督，一方面要从执行者或团队管理者的态度入手，另一方面要从执行者个人擅长的优势进行考量。

三、监督团队成员行为

有些执行者的态度很好，要完成的工作与其优势相匹配，但是在执行的过程中方法错误，导致事倍功半，效率低下。对此，就要求领导者对执行者的行为进行监督并及时纠正，以此来确保执行的高效性。

四、惩防并举，有效控制

在执行的过程中，领导者要把事前预防、事中监督、事后惩处有机结合起来。在执行前，做好预防工作，把可能出现的风险及困难提前告诉员工，进行事前预警；在执行中，如发现问题要及时解决，以确保员工的工作快速回到正轨；在执行中问题解决后，要持续跟进，确保问题全面解决，同时避免其他员工遇到类似问题。把监督指导工作放在前面，并贯穿整个执行流程，把惩罚放在后面，给予员工警示。

此外，领导者下面如果有团队，在为团队管理者授权时要把责任一起交给他，而不是把责任交给真正的执行者。如果管理者只有权力，却把责任转嫁到执行者身上，对于一线执行者来说就会做得越多错得越多，这样的执行是没有好结果的。

同时，领导者要对管理者进行有效监督，因为管理者的管理态度、行为、执行力决定着一线执行者的执行态度、行为及执行力。

五、构建监督制度

要想让以上一些方式方法更加有效，就必须有一套监督制度来支撑，以便在执行的过程中有法可依，更具说服力。

关于监督制度的制订，可从两个方面考虑。

1. **考核指标**。执行是否到位，是优秀还是良好，是合格还是不合格，需要制订一个标准去评判。在制订这个标准评定项目时，不要加入一些难以评价对错的指标，比如团队忠诚度、团队意识、创新能力、主动性等，尽量选择一些与任务目标相关且可以量化的指标。

2. **规章制度**。规章制度是约束执行力不跑偏的基础，如同法律是约束人的最低道德标准一样。领导者首先要制订各类规章制度、作业流程等，对于新的目标任务，甚至可以根据目标任务的属性要求重新修改或制订各类制度。其次，要明确各岗位职责，同样，也可以根据目标任务的属性要求重新修改或制订新的岗位职责。

◎ 智慧掌控

　　监督是对执行者执行过程的一种规范，也是为高效执行力保驾护航。在监督过程中，领导者要公平公正，按制度办事，一切以实现目标任务为方向。

第六章
创新掌控——有创新，才有更多的选择

　　随着社会的发展，企业发展需要创新，团队管理需要创新，市场竞争更需要创新。作为企业要想活着，便离不开创新；而作为领导者，要想提升领导力，加强掌控力，更离不开创新。

创新领导观念，与时代同步

古往今来，大多数人习惯用既定的思维做事情，比如上班的穿搭总是同一种风格，早餐总是那几种食物等，久而久之便形成了既定思维。创新就是打破既定思维，比如上班换一种穿搭风格，早餐换一种食物。

从领导力的角度讲，创新领导观念是提升领导力的一种方式，是企业及其团队持续发展的动力，是紧跟时代脚步乃至引领时代的重要力量。

结合当下大多数领导者的领导观念，作为新时代的领导者，领导观念应该进行以下几个方面的转变。

一、"管理者"向"领导者"转变

有很多领导者虽然在领导岗位，却是管理者的观念。这两者的区别是：管理者做事的要求是不出事或少出事，领导者做事的要求是做好、做到极致；管理者习惯按部就班，而领导者敢于冒险，善于创新。很多领导者虽然处于领导岗位，但一直做的是管理者的工作，因此，对领导者来说这一点一定要转变。

二、"领导者为中心"向"市场为中心"转变

很多时候，不管是做决策还是提创意，员工都是以领导者的意图为

目标，习惯了马首是瞻，习惯了顺从领导，却忘记了市场才是决定企业生死的重要因素。

新时代的领导者应该破除"领导者为中心"的领导观念，建立全新的"市场为中心"领导观念，一切以市场需求为标准，而不是以领导者的爱好、习惯为标准。

三、"运营驱动"向"创新驱动"转变

运营的关注点是低成本、高销量、高利润，这是运营的本质，运营就是为企业赚钱的，这一点毋庸置疑。但是，如果领导者过于专注于运营，就会忽视发展之路。有一些企业为什么刚开始在市场上很火，却在不超过十年的时间就从市场上消失呢？就是因为领导者太过注重运营，忘记了来时的路，忽视了市场变化、客户需求、产品创新等。

一个优秀的领导者，不仅会关注运营，懂得挣钱，更会关注企业未来的发展之路，懂得创新。

四、"个人创新"向"全员创新"转变

以前大家一直认为创新是那些聪明人、处于重要岗位上的人的事情，与其他人无关，而随着社会的发展，尤其是新媒体短视频行业的兴起，你会发现每个人都在创新，而且他们都会创新。

其实，每个人都有自己独特的优势。团队是大家的团队，企业是大家的企业，领导者要积极营造全员创新的氛围，给予每个人创新的机会和平台，这样会更大力度地推动整个团队的创新。

五、"模仿"向"引领"转变

有这样一句话："一直被模仿，从未被超越。"其实，对于一些新

的团队和企业来说,他们需要模仿,模仿是企业发展初期的战略之一,对于企业来说省时省力见效快,何乐而不为呢?

但是,模仿只能作为一种短期战略,不能成为长期战略,长期战略中企业需要做的是"引领",不管是技术还是服务方面,都要有引领行业发展的观念,从此观念出发,未雨绸缪,提前规划筹备。

六、"经验式领导"向"科学式领导"转变

有些领导者太过于执着于自己的经验,对于一些科学的管理观念不愿接受,甚至排斥不屑,总觉得自己那一套才是最有用的。殊不知随着时代的发展,不同年代的人具有不同的认知、理念等,比如"80后""90后""00后"这三个年代的人对同样一件事情会有不同的认知。

因此,作为领导者要领导好一个团队,除了依靠自己的经验之外,还应紧跟时代步伐,不断创新调整,执行符合当前时代的领导观念。

七、"个人英雄"向"团队卓越"转变

当下已不是一个单打独斗的时代,一个人的力量是有限的,而团队的力量是无限的。因此,新时代领导能力培养理念要破除个人英雄主义,注重团队能力,要将个人能力转化为团队能力。

八、"多元化"向"精细化"转变

前几年有很多这样的企业,从一种产业起步,两三年后涉足多个行业,开始多元化发展,其实在当下这样的企业大多经营得不是很好,或者有些企业已经收缩产业,开始向精细化方向发展。

在各行各业竞争日益激烈的当下，领导者应该聚焦的是精和准，而非广和全，这才是领导之道，也是企业的生存之道。

◎ 智慧掌控

领导者要破除因循守旧的观念，树立与时俱进的观念，紧跟时代脚步，紧盯市场发展；审视传统的领导观念，引进文化领导力，打造新时代文化与经验融合的领导观念。

创新领导方式，与大众共鸣

当下有孩子而且正处于教育孩子成长阶段的人一定有这样的体会，在我们小的时候，父母教育我们的方式粗暴简单，一个鸡毛掸子或一根竹棍就可以解决问题，你一旦不听话，父母就会拿起"武器"追着你打，这便是所谓的"棍棒出孝子"，也是大家所说的"完整的童年"。而现在的父母在教育孩子的时候，又是报培训班，又是培养特长，又是心理学教育，生怕对孩子的心灵造成伤害，棍棒教育更是万万不可能了。

教育方式的转变是因为时代变了、环境变了，而作为领导者，随着时代的变化，领导方式自然也要进行相应的转变，这样才能与新时代的员工产生共鸣，领导方式才能更具掌控力。

95

一、传统领导方式与创新领导方式之间的区别

表1　传统的领导方式与创新领导方式相比

传统领导方式	创新领导方式
讲话时间多	听的时间多、指示多
提问多、补救多	预防多、控制多
承诺多、假设多	发掘多，执行多
与下属关系密切	懂得距离管理
基于命令去做	基于承诺去做
讲求规范性	发掘可能性

从上表可以看出，传统的领导方式与创新领导方式相比，对于被领导者来说，前者过于被动、僵化等，后者具有开放、体验、互动等特点，显然，后者更有助于激发被领导者的积极性和做事兴趣，更符合当代环境氛围。那么，领导者该如何把传统领导方式向创新领导方式转变呢？

二、创新领导方式构建方法

1. 破除管控领导方式，树立激励领导方式。以往甚至在当下一些领导者身上，领导方式的主要特征是命令、控制，也就是所谓的"一言堂"，领导说怎么做员工就怎么做，从来不问员工的意见和想法，如果不按领导要求做事就会被处罚。这种领导方式下的员工自主意识通常不会太强，工作缺乏动力。此外，现在随着员工教育程度的不断提高，员工的自主意识不断增强，个性也愈来愈明显，甚至有些员工的技能不亚于领导者，他们做事总是有自己的想法和理念。

在这种情况下，领导者如果依然采用管控式领导方式，一方面，员工的执行力会很差；另一方面，员工不一定会听领导者的安排，甚至会

"炒"领导者的"鱿鱼"。对于领导者来说，领导掌控力必然下降。也就是说，以往传统的领导方式现在已经不再适用，领导者需要向激励领导方式转变。

（1）以激励员工为方式，以调动员工积极性，主动完成工作为目标。领导者要循循善诱去引导，让员工感受到自我价值以及工作的意义。

（2）让员工知道为什么干，怎么干；除了命令，也要让员工明白干这件事情的意义是什么，具体应该怎么执行，这就要求领导者不断自我学习成长，树立团队的价值观，为员工制订长远的发展规划等。

2. **破除封闭领导方式，树立开放领导方式。**封闭式领导方式的特征是认识狭隘、目光短浅、思维僵化等，这种领导方式会让领导者与员工之间的关系越来越僵化。对此，领导者要做的是：

（1）不断学习，提升自我修养；摆正心态，向优秀的领导者学习，取长补短，优化自我；向现代化企业看齐，打破守旧观念。

（2）建立并拓宽与员工的沟通渠道。想让员工对领导者的指令心服口服地去执行，就需要与他们有较近的距离，而拉近与员工之间的距离的最好方式就是沟通。在沟通中，领导者可以进一步了解员工，员工也可以明白领导者所发出指令的意义，乃至在做一些决策时的良苦用心。彼此的了解会增加信任，从而激发员工的积极性。

3. **破除"徇私"的领导方式，树立"依规"的领导方式。**在员工与领导者发生矛盾的事件中，大多数是不公正造成的，即领导处理事情不公正、不透明。这是因为在一些领导者身上，总是有一些"走后门""看人下菜碟"的不公思想存在，对背后"有人"的员工照顾多一

些，对没有背景、没权没势的员工要求苛刻一些。

对此，领导者要放下这种"徇私"的领导方式，在管人方面必须公平公正，心中要有正义感，尊重员工的感受，一切按规章制度执行。

总之，不同的领导者有不同的领导方式，而要让员工接受你的领导方式，需要领导者走到员工中间去了解员工的需求，感受他们的心理，用员工乐于接受的方式去领导，更能与他们产生共鸣。

◎ **智慧掌控**

新时代的领导方式要以被领导者为中心，构建开放、体验、互动等领导特点，用公平、公正的方式调动员工的积极性和对领导者的认可性。

创新领导制度，提高领导效率

在当代社会，管理制度是企业管理中一个非常重要的工具，一个优秀的管理制度可以提高领导效率，减少领导成本。而优秀的管理制度是根据企业自身特点在创新中形成的，只有这样，领导效率才会不断提升。

一、创新领导制度的两个基础

有些企业的管理制度很完善，非常适合其自身的发展，但执行不够彻底，这是因为制度没有深入到员工当中，员工对制度认识不够甚至不认可。对此，领导者要想制定出创新领导制度并能够彻底执行，首先要做的是对员工进行创新管理教育，在思想认识上达成高度统一，达到对创新的理解、对创新制度的完全认可，这样才能起到让制度管人管事的作用。其次，领导者要深入到员工当中去，了解员工的工作状态以及需求，强化管理机制，这样领导者才能制定出最佳的创新型管理标准，从而扬长避短。

二、创新领导制度的八个原则

一个团队创新制度的制定一定要以人为本，以执行高效为目的，对此，在制定创新管理制度及提高工作效率的过程中，领导者需要把握以下八个原则。

1. 以提升领导效率为原则。创新是团队发展的驱动力，但有一个前提，那就是适合自己，不要为了创新而创新，如华为技术有限公司的管理制度并不一定适合每一个企业，适合自己的制度才是最好的制度。

有一个协会组织企业家出国学习，某企业老板参观学习回来后深受启发，尤其是对他国企业的管理制度十分欣赏。

他回国之后第一件事情就是对现有的领导制度进行改革创新，把国外某企业的领导制度完全照搬了过来。如改革前他直管车间主任，车间主任直接向他汇报工作；改革后，由副总主管车间主任，管理模式变成了车间主任向副总汇报工作，副总再向他汇报工作。类似的领导制度改革运行一个月后，他发现员工的工作效率更低，执行力更差。

这是因为这位老板在改革的过程中忽视了一个重要问题，那就是他对标的国外某企业员工有 5000 人，而他的企业员工还不到 200 人，因为企业规模不同，所以将对方有效的管理制度放到自己的企业中可能就会变成

阻力。

2. **以发扬民主为原则**。制度需要人去执行，更需要人去遵守，在一个团队中，创新领导制度时要尊重每个员工的想法，征求大家的意见与建议，万不可"一言堂"式地决定，否则在具体执行中将会面对很大的困难。在意见不统一时，可采取少数服从多数的方法决策，这样既可以增进团结，还能够巩固制度。

3. **以公平公正合理为原则**。创新制度的前提是公平公正，不针对任何人，不偏袒任何人，这样的创新才更具说服力。某企业的工作时间是早上 8 点到下午 5 点，某部门领导由于每天早上要送孩子上学，向老板提出了修改作息时间的建议，老板听后二话没说，很快在工作群里发了一个通知，将工作时间改为早上 9 点到下午 6 点。大多数员工看到这个决定后个个怨声载道，因为这意味着他们每天要晚一个小时下班。

为了成全一人而损失更多人的利益，这样的创新是极其愚蠢的，是得不偿失的。此外，创新要注重事实，不偏听不偏信，不感情用事，不主观臆断，要在合理的基础上进行创新。

4. **以执行从严为原则**。制度创新后必须从严执行，否则就失去了创新的意义，领导者要把严制度关口，对违反制度的员工不袒护、不迁就，按照制度进行惩罚处理。且制度的执行要上下一致，不可执行两个标准。有些领导者对自己喜欢的员工或中高层管理者执行一套标准，对不喜欢的人或基层员工执行另一套标准，这样的双标会严重影响制度在团队中的作用。

5. **以领导表率引领为原则**。通常，制度在改革创新后，员工会有一个适应的过程，在这个过程中，领导者需要做好带头表率作用。俗话说"说百遍不如做一遍"，有时候领导讲得很深入，很透彻，但在执行中如果不透彻也是枉然。因此，作为一名优秀的领导者，要以身作则率先执行，引领员工的思想及行为。

◎ 智慧掌控

　领导制度创新是以提高领导效率为目的，减少沟通障碍为目标，任何环节的创新及变革，都要以这两点为基础。

创新领导环境，贴近员工心理

　领导环境在领导活动中如影随形，有领导活动的地方就会有领导环境存在。而且很多时候，领导环境直接影响着领导活动的效果，对领导目标的实现具有非常重要的作用，甚至决定着领导目标是否达成。

一、领导环境的意义

　1. 领导环境是领导活动的基本条件。乔恩·皮尔斯曾在他的作品《领导力》中写道："个人不会因为一些特性的组合便成为领导，但领导者个人性格的模式应该与其追随者的性格、活动以及目标有一定的关系。因此，必须根据不断变化的变量之间的相互关系来理解领导，而环境特征是一个尤其需要注意的因素。"所以说，做领导并不困难，打造良好的领导环境促进领导目的达成才是最重要的。

101

2. 领导环境为领导决策提供支持。很多人都有在喝酒喝多了后做出一些承诺的经历，等到第二天酒醒之后他又会非常后悔，为什么会出现这种情况呢？一方面是酒精刺激的作用，另一方面是环境作用。因为人在喝酒时大家都非常兴奋，现场环境热闹，导致他做出了冲动的决定。领导环境对领导决策的影响也是如此，因此，打造积极的领导环境，客观正确地认识领导环境，有助于领导做出正确的决策。

3. 领导环境为创新奠定基础。古语讲"近朱者赤，近墨者黑"，与什么样的人走得近你就会变成什么人，同样在什么样的环境下你的思想、行为就会变成什么样。在创新的领导环境下，人们才会有创新的思维与行为。

4. 领导环境影响领导素养。所谓"时势造英雄"，环境可以造就一个人，也可以毁掉一个人。在逆境中，领导素养会得到很好的锻炼，得以快速提升。在顺境中，领导能力则有可能会被弱化。

5. 领导环境影响领导行为。什么样的环境会造就什么样的行为，同样，什么样的行为也会造就什么样的环境。领导环境与领导行为是一个相互作用的关系，如果领导者对领导环境缺乏正确的认识和理解，那么就很难打造出良好的领导环境，领导行为也会因此受到影响。

二、领导环境的创新

通过领导环境的意义明白了领导环境在领导活动中具有非常重要的作用，对此，领导者要对领导环境不断进行创新变革，以此来提升领导力，提高员工执行力。

1. 树立创新理念。首先领导者要有创新的意识和理念，在团队中树立创新导向，这是创新环境的首要条件。其次，为创新提供必要的支持，构建并完善创新条件，鼓励员工的创新意识和思想。

2. **打破沟通壁垒**。在一些企业中，有些员工除了和本部门同事进行沟通外，与其他部门的同事很少沟通甚至不沟通，造成了信息堵塞，就更谈不上拥有创新氛围了。为此，领导者要创造畅通的沟通渠道，比如通过知识共享、跨部门合作、团体活动等形式为员工提供良好的沟通平台，并鼓励员工勇于尝试新的想法。

3. **提供必要支持**。优秀的创新环境与很多因素有关，如有的员工想创新，但没有执行权力；有的员工有执行权，但没有创新意识或能力。在领导环境创新中，领导者应给予员工创新的权力，相信他们的能力，并给予鼓励；同时，还应为员工提供必要的创新培训和技能支持，通过激励政策，推动员工的创新热情。

4. **树立创新容错的观念**。创新是对新事物的挑战，既然是新的尝试，那么必然就有失败的可能。面对创新失败，领导者要有允许失败的态度，不能因为害怕失败就放弃创新，打压创新环境。员工创新失败，领导者要对此客观认识并理解，并鼓励其分享经验，保持他们创新的勇气。

5. **构建创新文化**。创新文化是创新领导环境的魂，对创新环境的形成及氛围具有独特的作用。领导者要为员工树立创新的价值观，构建彼此之间互相尊重、理解、支持的创新文化关系。

◎ **智慧掌控**

领导环境涉及领导活动的各个方面，只有创新领导环境，才能将领导者和被领导者融为一体，领导活动才会更加卓有成效。领导者要对领导环境有正确的认识和把握，并能够进行正确的改造、优化。

创新领导思维，向现实发起挑战

领导者作为企业的领头人或者骨干，一定要具有创新思维。只有具有创新思维，视野才会开阔，眼光才会看得更远，做事才会更有开拓性。

创新思维是领导者优秀的人格特质，当然这种特点并不是与生俱来的，往往需要经过长期的锻炼及自我学习才能形成，具有创新思维的人往往具有明显的人格特点。

一、创新领导思维的特点

1. **总能抓住时机**。他们对事物总是保持着敏锐的感知力，时刻关注着事物的变化，寻找能够改变现状的机会。在这种状态下，他们总能看见别人看不见的机会，提早抓住机遇。

老张是一家自媒体公司的高管，在一次行业会议上，他听到了一个关于微短剧市场的演讲。尽管这个市场与其所在公司目前的业务并无直接关联，但他对这个话题产生了浓厚的兴趣。

会议结束后，他主动与发表微短剧市场的演讲者交流，并深入研究这个新兴市场的潜力和机会。

随后，他发现微短剧市场有潜在的商机，于是决定投入资源，并成立一个专门的团队来经营。尽管一开始面临着诸多挑战和不确定性，但他的好奇心和勇气让他坚定地做了下去。

最终，他的努力取得了巨大的成功。如今，老张所在公司的微短剧业务已占据了微短剧市场相当大的份额，并且这项业务还在快速扩展中。

只有对事物总是保持敏感的洞察力，才能先人一步发现机遇，获得丰厚的回报。从企业运营的角度讲，这也是企业营收方式的一种创新。

2. 总是盯着前方。创新型领导不仅会时刻关注当下，而且会紧盯未来，他们会未雨绸缪，做一些在别人看来无用的准备，但在未来的某一阶段，他们总能给别人带来惊喜。

正如华为技术有限公司（以下简称华为公司）的麒麟芯片，早在2004年华为公司就成立了深圳市海思半导体有限公司，也就是备胎计划。据相关报道，成立海思半导体，两万人每年砸四亿美金，而且三年后对外销量几乎为零。在当时这是让很多人难以理解的，而华为公司的领导者却认为，即使暂时用不上自己生产的芯片，也要继续做下去。直到近几年芯片总是被人"卡脖子"，华为公司的麒麟芯片的面世，才让大家看到了华为公司的长远眼光。

3. 总是充满希望。创新型领导者明白创新就会有失败的风险，所以，他们会允许自己有一些小的失败，并会在小失败中总结经验。在面对这些小失败时，他们不会垂头丧气，不会怨天尤人，反而会兴奋地去寻找失败的原因，因为他们明白眼前的小失败都是为了将来的成功。

4. 总是喜欢交流。创新型领导者善于交流，喜欢广结好友，因为通过这种方式，可以让他们的思路更加开阔，可以了解到更多的知识和信息，不同观点的碰撞可以激发他们的灵感，找到解决问题的方法。此外，他们还喜欢帮助别人，因为通过帮助他人，可以强化与对方的关系。

如果某位领导者具有以上几个特点，那么，他一定是一位具有创新思维的领导者。而要获得这种思维，领导者需要不断进行自我学习和历练。

二、创新型领导需要具有的四种能力

1. 辩证思维的能力。很多人的思维方式都是一种惯性思维，也就是思维定式，这种思维方式的优势是在处理事情时反应快，效率高。但劣势是创新思维受阻，接受新知识、新观点较为困难。事实上，任何事物都具有两面性，领导者要善于用辩证的思维去看待事物，分析事物的外因和内因，用辩证的观点判断每一个决策的得与失，不要盲目做决定。

2. 观念更新的能力。领导者是团队的火车头，火车跑得快不快、远不远，全看火车头带的效果。对此，领导者要有接受新观念的能力，能够顺应时代发展，对当下一些新的潮流、事物能够正确认识并理解，要用理性认识升华感性认识，用实践成果澄清模糊观念。

3. 管控全局的能力。管控全局是一个领导者必须具备的基本能力，而事实上很多领导者却有心无力，原因主要有三点：一是领导思想高度不够；二是组织、制度驾驭能力欠佳；三是创新思维太差，总是采用老方法管理，用老观念经营，面对各种问题，无法用更好的方法去解决。所以，领导者要以创新为切入口，提升自己总揽全局的统筹能力，用科学创新的方式应对各种问题。

4. 开拓创新的能力。领导者要有创新的意识、创新的能力和自我革命的勇气。敢于突破传统束缚，以发展为目标，对现状能够进行深入改革，用新思路、新措施开拓新的工作局面。

◎ **智慧掌控**

领导者在处理问题时，要用发展的眼光去看待问题，不能为解决问题而解决问题，要为长远的规划、目标实现而解决问题，这样在处理问题的时候才会具有前瞻性。此外，思维创新没有止境，领导者要长久保持并形成一种习惯。

第七章

细节掌控——从细节抓起，提升掌控力

有人说，成功与失败之间，差的就是细节掌控力。细节是一种态度，结果是一种必然，掌控细节就能够掌控人生。在领导学中，注重细节是智慧，把握细节是能力。懂得运用细节，就懂得了掌控全局。

关注"他们"，从细节开始

很多团队都喜欢打造"家文化"，微信群里的称呼都是"家人们……"然而，有相当多的团队其实做得并不怎么成功，员工们似乎不吃这一套。有很多以"家文化"为主的企业，做得不好的原因主要是领导者只是把"家文化"做成了一种形式，并没有深入到员工心中。

领导者要将这种文化深入到员工心中，最好的方式就是关怀，让员工感受到领导者真心把自己当成了家人。而关怀最好的措施就是从细节出发，这是打动人最简单的方式，也是管控对方最有效的方式之一。

一、领导者要做一个有"心"人

优秀的领导者要做一个有心之人，善于发现并关注员工身上的小事，这些小事对领导者来说可能微不足道，但是对员工来说涉及其个人利益，如果领导者能够合理运用，就能够用极小的成本打动员工，走进员工心里，赢得员工的忠诚。

有些领导者可能会说："我每天有那么多事情要处理，哪有工夫去关心下属那些鸡毛蒜皮的事情。"其实，这都是借口，即使领导者日理万机，也不影响对下属小事上的关心。

比如下属生病休假，今天来上班了，几句简单的问候就可以让下属感受到团队的温暖；再比如，领导者听说下属的爱人生病住院了，主动询问对方："病情是否严重？有什么困难尽管提出来，公司来帮你解决。"简单的问候，就能够让对方对你产生感激之情。

所以，领导者一定要放下官架子，适时地对下属嘘寒问暖，做一些细致入微的工作，这些对赢得人心具有很大的帮助。

二、简单的方式，最好的效果

领导者在小事上不失时机地关心下属，是拉近与下属距离最简单的方式，也能够起到最好的效果。

陈先生依稀记得刚参加工作时，工作单位是一家民营医院，有一段时间他经常加班，每天回到家都是晚上八九点钟，心中自然也产生了一些怨言。

有一天在快下班时，院长突然走到他身边，拿着两块点心说："这是康复医学科做的点心，特别好吃，我特意要了两块回来，你带回去给你家孩子吃吧。"

其实他家孩子不爱吃点心，他也不爱吃，但作为医院的最高领导者亲自送过来的点心，当然不能推辞，他说了几句感谢的话以后，院长又说："这几天加班辛苦了，今天早点回家，不要再加班了。"听到这句话，他的感激之情瞬间涌上心头。最后院长又说："这两块点心，你一定要带给你家孩子吃哦！味道真的很好。"此话一出，他整个人都被深深地打动了。当时他的第一感觉就是："这几天加班值，以后一定要好好干。"

尽管东西不贵重，甚至不需要，却赢得了下属最大的认可，这便是

优秀的领导者。领导者可从以下几方面入手，去适时关心打动下属。

1. **下属的生日。**当然，领导者可能记不住所有下属的生日，但是可以通过团队文化的形式，让行政主导设置员工生日祝福活动。当需要对某些员工进行激励时，可在生日当天由领导者送上祝福，或请员工吃生日餐，或送束花，或买个蛋糕等，必定能够给下属留下深刻的印象。

2. **下属或下属直系亲属生病。**这是关心下属的最好时机，如果领导者工作繁忙，可以委派他人进行探望，当然，如果领导者能够亲自去探望，效果是最好的。有些领导者不重视这一点，下属心理上可能会产生不快，彼此之间就可能出现隔阂，从而影响领导者的掌控力。

3. **关注下属家庭及生活。**这是最能打动下属的方面，每个人活着的基本意义就是生活和家庭，生活更好，家庭更幸福，是每个人的追求。所以，关注下属的生活及家庭并及时给予关心和帮助，往往更能打动对方。

4. **下属离职时。**下属由于种种原因要离职时，领导者该怎么做呢？很多领导者会选择什么也不做，并在老员工离职后数落其种种不是。这种做法是错误的，因为一位下属走了，还有其他下属在，如果你的表现是淡漠的，甚至在下属离职后去数落对方，那么，在职的下属肯定会想自己早晚也会有这么一天。所以，正确的做法是对下属的离职表达惜别之情。

三、用关怀构筑忠诚堡垒

优秀的管理者不仅会人尽其才，更善于为下属排忧解难，激发下属工作的积极性和热情，让团队成为一个有凝聚力的集体。除以上一些具体的方法外，领导者还可以从以下几个方面着手。

1.**给员工一个舒适的工作环境**。这里的环境包括工作氛围、办公条件等，为员工提供舒适的工作环境，不仅能够让他们在身体上感到舒适，更能激发他们的创造性。

2.**引导释放员工心中的不满**。很多时候，员工虽然能够按照领导的指示去执行，但这并不代表他们能够完全坦然接受并认可领导的指令。对此，领导者要鼓励他们说出心中的想法，这样领导者才有机会消除员工心中的不快，解决彼此之间的矛盾。同时，能够有效释放员工心中的消极情绪。

3.**培养员工的归属感**。比如在一个家庭中，一个合格的家长会因为家庭争执而怨天尤人吗？当然不会，因为这是自己的家人。同样，一个优秀的下属不会因为与领导者的观点不同而产生不满情绪，他会积极与领导沟通并最终达成统一意见。所以，领导者在引导员工释放心中不满的同时，要培养员工的归属感，让员工把工作的事当成员工自己的家事。

◎ **智慧掌控**

小事是成就大事的基石，是一个领导者品质风貌的具体展现。领导者要善于用"小事"去影响员工，用"小事"去引导员工，因为"小事"能够拉近领导者与员工之间的距离。

战略，从细节中来，到细节中去

细节决定战略高度，要确保战略的落地和实施，就得从细节中来，到细节中去，前期做得越细，战略定位就越准确。战略一定要从细节中来，再回到细节中去；宏观一定要从微观中来，再回到微观中去。

一、战略上举重若轻，战术上举轻若重

制定、实行团队战略是领导者的重要工作，很多人肯定会认为，战略是一个宏观的概念，是一个远大的方向，不必注重细节。这是一种错误的认知，不管是制定战略还是执行战略，领导者不仅要注重细节，更要深入到细节当中。如同战略管理大师迈克尔·波特所说："战略的本质是决策、权衡和各适其位。""决策"和"权衡"即制定战略前的调研分析以及选择的过程，"各适其位"是战略执行过程中具体细节的把控。也就是说，不管是前期的制定战略，还是后期的执行战略，领导者都需要从细节出发，制定战略从细节中来，执行战略到细节中去，用精益求精的态度执行每一个环节，这样的战略才是最有效的，这样的领导者才能正确掌控方向。

二、细节管理，持续改进

领导者要懂得从细节出发，做好每一个环节，可以从以下几个方面

入手。

1. **从细节入手做好企业管理**。企业管理包含方方面面，如产品、运营、销售、采购等，而企业战略又往往与这些因素有很大的关系，所以战略的制定与执行要从企业管理开始，也就是说，要注重其中每一个细节。

（1）产品研发。产品研发不是根据个人喜好来定的，也不是跟风随大流盲目而做，我们需要对市场需求、自我能力等进行多方面的研究分析，以此来确定所要研发的产品。

（2）产品设计。产品设计要根据消费人群特点、产品实用性、社会潮流等几个方面综合研究。

（3）生产过程。生产过程决定着产品质量、生产效率等方面。

（4）营销策略。营销是提升销售额的重要入口，是业绩提升的重要动力。

（5）售后服务。售后服务是企业长远发展的保障，是产品稳居市场前列、赢得消费者青睐的支柱。

可以看出，以上企业管理的几个方面无不关系着企业战略的制定与执行，所以只有进行精细化的管理，在管理的过程中从细节入手，才能制定出正确的战略，才能保证企业的产品和服务具有竞争力。

2. **从细节入手做好人力资源管理**

战略需要人去执行，作为领导者不可能去具体执行操作既定战略，而是需要有大量的人去具体执行推进。所以，战略执行过程中的人力资源管理很重要。其实在当下，这一点有很多企业领导者都已经意识到了。比如他们在招聘新员工时，常常会从细节观察应聘者，或者为应聘者

设置一些关于细节方面的问题，这种方法为他们招聘某方面的人才提供了很好的协助。

当然，在管理员工方面，进行必要的细节管理更有助于战略的制定和执行。古语讲"差之毫厘，谬以千里"，在战略执行中如果某一个细节做得不够好，那么，结果就会千差万别。所以，细节做得好，战略实施才有可能达到预期效果，而细节做得不好，战略实施必定达不到预期效果。

3.从细节入手服务好客户。不管一个企业的战略是什么，最终的目的都是服务客户，让客户满意，解决客户的痛点。但是，如果在执行的过程中不能落实到每一个细节当中，那么，这样的战略就是一个框架，无任何实际意义。

◎ 智慧掌控

再好的战略必须要落实在执行细节中，且在执行的过程中，领导者要以解决细节问题为目标，持续进行改进，以此来保证战略的高质量执行。

战略一定要从细节中来，再回到细节中去。

读懂"他们"的微表情和微反应

在职场交际中，领导者主要面对的人群有三类：下属、领导和客户。面对不同的群体，领导者通常会采用不同的方式方法与其交流，以确保顺畅沟通，达到沟通目的。其实，不管面对的群体是谁，领导者只要能够掌握对方的心理活动，然后给予相应的需求，便能够形成良好的沟通效果，达到沟通目的。

而要掌握对方的心理活动，领导者要读懂对方的微表情和微反应，从而达到掌控对方的目的。

一、常见微表情的意义

1. **表情严肃者**。在他们的眼中，一切都有待改进。他们从不满足于当下，永远想穷尽一生改善自己所不认同的一切。于是，他们做起事情来通常是一副严肃、认真的表情。

2. **总是微笑**。他们的为人通常乐观，慷慨大方，善于付出，但有控制欲，甚至不等他人开口便主动出手帮助别人。他们享受这样的乐趣，却从不考虑自己的"帮助"是否让别人舒服，是不是别人所需要的。他们同时也非常敏感，内心渴望被爱，希望从他人的感激中感受到自己的价值，他们渴望被认同，害怕孤独和不被喜爱，有时会有些骄傲和自负。

3. **认真的表情。**他们认真的表情可能会让我们或者让气氛变得紧张，对于这类人我们需要做的不是改变其表情，让其微笑着或者幽默地对待我们，而是客观、认真地与其交流，必然会赢得其好感。

4. **忧虑担心的表情。**比如在交流的过程中，他们的眉毛总会下压，这是典型的忧虑状态。与其相处时，要懂得欣赏他们的忠诚、才智和克服危机的能力，与他们沟通时要有耐心，鼓励他们朝好的方面看事物。

5. **善于点头示好。**如果在沟通中他对你的观点总是微笑点头，表现出很友好的表情，不管是对是错，对方都不做评价。这类人只想生活在和谐、舒适的环境里，所以总是跟随着他人的步调，避免冲突、矛盾的发生。而为了保持这种状态，他们的表情以及态度都会迎合你的想法，但绝对不会轻易地口头肯定或承诺一些决策性的意见。

二、常见微反应的意义

1. **手不停地摸下巴或者托着下巴。**对于下巴的一些不同微反应，则体现了当事人不同的心理变化。而在社交中，我们经常会见到有人在聊天的过程中不停地用手摸下巴，或者托着下巴讲话。这是两个非常典型的关于下巴的微反应。

摸下巴给我们的信号是这个人在思考，而且可能会做出一些决定。如果一边摸着下巴，一边微微点头，眉头展开，这就是肯定的信号，表明对方对你是认可的，很可能会做出一些有利于你的决定。如果一边摸着下巴，眉头慢慢拧在一处，但并不是拧紧，身体微微往后倾，这就是否定的信号，可能这个人对你或者对你的观点持否定态度。

托着下巴这个动作通常表示："我在听，很认真地在听！"这个动作一般发生在开始谈话后不久，如果对方出现这个动作，就表明你说出来的内容，他已经开始感兴趣，并在认真地获取你话里的信息，这是一个很明确的信号。当然，不是所有人在和你谈话时都会有这个动作，一般只有在一些比较重要或者对方觉得比较感兴趣、很关注的话题上才会有这个微小的不自觉的小动作。不过，如果对方用手托着下巴是在打瞌睡，这就说明你的谈话内容实在太无聊了。配合托下巴的姿势，对方还有可能双眼直视，"直勾勾"地看着你，表现得非常关注、很认真，这两个信号都说明对方当时的心理状态是单一地在认真听，在关注你的谈话内容，而不是心猿意马、三心二意。

下巴的微反应并不只有这两个。下巴的动作有时在抬高，有时在压低，这也是两个很有特点的关于下巴的细节。抬高的意思很明显，这是一个否定的信号，表明对方开始对你有不认可的态度了。他已经在你的谈话过程中将你的目的了解得很透彻，而且认为他已经占据了绝对的优势，掌握了主动权。压低的意思也很明显，这是一个肯定的信号，表明对方对你的认可。

2. 时不时地玩弄自己的头发。玩弄自己的头发是一个很女性化的动作，之所以讲是女性化，是因为女性常常会有这个小动作。不过，有一小部分男性也会有类似的动作，但比例很小，一般来讲，这个动作常常会被认为是一个习惯。

人在无聊的时候会本能地给自己找点事情做，但是又没有别的什么事情可以干，摸摸头发能在一定程度上缓解这种无聊。比如，你正和自己的女朋友聊天，也没有什么能让她感到害羞或者紧张的话题，但她还是在不停地摩挲自己的头发。这时你要格外注意了，很可能她对你们之间的话题非常不感兴趣，或者感到这种谈话方式非常不适合自己，不适合当下的场合，所以你不妨换个话题试试，或者干脆做点别的事情，能尽量缓解这种无聊的氛围。

抚弄自己的头发多数情况下被认为是一种个人习惯，甚至有些女性会极力否认自己的这个动作包含什么意思，不过这并不影响实际存在的意思，一般它表示的意思有害羞、紧张、不自信、无聊等。

3. 总是东张西望。东张西望是注意力不集中的一个表现。如果你谈论的内容不能引起对方足够的兴趣，那么对方的注意力就会很自然地分散在其他地方，这是一种下意识的行为。为了表示对别人的尊重，对方一般不会很明显地表示出不耐烦的情绪，相反会尽量地给你一个感觉，你讲的内容我很喜欢听（指非正式场合，不用于正式的会谈或者协议商谈等）。这既是对别人的一种尊重，也是保护自己的一种措施。

过度地东张西望，你可能要考虑是不是要结束你们之间的谈话，因为对方很可能有事在等着他去做，但又不好意思开口，这时你能及时地结束自己的长篇大论的话，他可能会很感激你，心想："终于可以不用听你唠叨，去干自己的事情了。"

总体来看，东张西望是精力分散、注意力不集中的一个表现，也是抵制、不感兴趣的信号。如果碰到这种情况，适时调整谈话内容，改变交谈思路，可能会对你掌控谈话起到积极的推动作用。

4. 耳朵上的小动作。对方轻摸自己耳朵后面的部位，说明你的观点并没有得到他的认可，他的想法和你不一致；经常性地揉搓耳朵，表明当事人非常焦虑；用耳边盖住耳洞，表达的意思和双手捂住自己的耳朵实质上是一样的，都是表达不想听的意思；掏耳朵表达的意思是不友好、不屑。

◎ 智慧掌控

　　沟通交际离不开情绪，情绪离不开动作，人可以说谎，而人的微表情、微反应这些细微的动作通常不会说谎。所以，读懂对方的微表情、微动作可以大幅提升领导者的掌控力。

领导格局，要大处着眼，小处着手

　　晚清时期的名臣曾国藩曾写过一副对联，其中有两句是"大处着眼，小处着手"。这句话的大致意思是在思考问题的时候，眼光一定要放长远，要权衡利弊顾大局；在做人做事时要从实际出发，要审时度势，因地制宜。

　　从领导管理的角度讲，这句话正是一位优秀领导者该有的格局。"夫曲思于细者，必忘其大；锐精于近者，必略其远。"领导者只有用全局的思路去考虑局部的利益，用长远的眼光去看待眼前的利益，才不会迷失方向。具体该怎么做呢？

一、大处着眼：抓主要问题，控次要问题

　　领导者首先要有驾驭全局的理念和能力，这是领导者的本职工作，在任何时候，只要是影响全局工作的问题都应该首先解决。比如有一

家贸易公司，某地区的销售总监为了提升业绩，向总部领导提出给予某大客户2%的优惠，但该公司是一家全国连锁企业，各地执行的政策统一，这是企业的发展战略。总部领导思前想后，最终未予批准。试想一下，如果总部领导同意了，那么该地区的销售价格就会与其他地区不同，这样势必会影响其他地区的客户并引起销售人员的异议，而最重要的是会打破企业的发展战略，甚至会影响企业未来发展目标的达成。

当然，企业的发展大局是由众多具体事宜形成并推动的，所以，只有处理好一些零碎的小事，领导者才能总揽全局。海尔集团总裁张瑞敏曾说："什么叫作不简单？能够把简单的事天天做好就是不简单；什么叫作不容易？大家公认的非常容易的事情，非常认真地做好它，就是不容易。"对此，领导者不仅要有总揽全局的能力和眼光，更要有做好小事的意愿和能力。天下大事，必作于细，当重大决策做出后，必须落实在具体细节上，只有兢兢业业做好、做细一切工作，才能充分实现战略目标。

领导者要把总揽全局的大局观和做好小事的执行观相结合，从宏观的角度做决策，从微观的角度解决问题。在实际工作中，要把工作做深做实，不能只做表面文章而忽视了细节，也不能只做小事而忘记了企业的发展方向。

二、小处着手：大事讲原则，小事看场合

领导者不但要有驾驭全局的能力，更要有解决问题的能力。小处着手，就是要求领导者具有解决"怎么做"的能力。

领导者在遇到影响团队利益的重大事件时，一定要不畏强权，坚守原则，不管面对任何人，都要坚持一心一意为团队的理念。

有这样一个故事，有一家千亿规模的公司，招聘了一位在业界很有名气的人士做公司顾问，且薪资不菲。

这位顾问任职后对公司做了全面了解，发现这家公司的负债实在太高，而公司的业务却在不断拓展，甚至有增无减。这样下去的最终结果就是负债越来越高，导致公司资不抵债，甚至破产清算。

在一次会议中，顾问将这一问题向高层领导做了阐述，建议公司应减少负债，停止无序扩张。然而这一建议当即被高层否定，甚至认为他的建议是阻碍公司的发展。顾问对高层建议的否决并没有灰心，每每谈到这个问题，他都会坚持自己的观点，建议公司减少负债。当然，高层领导也一直没有采纳他的建议。

最终，数年后这家公司破产了。对于公司来说，这是一个悲剧，而就这位顾问的做法来说，他是一位优秀的领导者，因为在涉及公司利益时，即使高层领导不理解他的建议，他依然坚持原则。也许多年后，人们会看到他作为领导者的英明。

领导者在遇到一些无关紧要的小事时，要根据场合选择合适的处理方式。比如对方是领导，即使与自己的观念不同，也应该尊重领导的想法，顾忌领导的感受，顺应领导的意见去做；如果对方是下属，也不必批评指责，讲清楚利害关系，说明为什么要这样做，让下属理解并认可你的观点。

三、不断提升两种能力

时代在变，领导者的格局也需要不断巩固提升。为此，在工作中，领导者要持续提升两种能力。

1. **战略思维能力**。战略思维是一种从实际出发从而正确把控全局的能力。从实际出发，需要领导者从小处着手，从大处着眼，正确把控全局。

领导者要有以远看近、未雨绸缪、高瞻远瞩、运筹帷幄的能力，要有为实现团队目标而进步的思维观念，这便是战略思维能力。

2. **驾驭全局的能力**。即在战略思维的指导下，将战略策略化、行为具体化，在全面掌握局势的前提下具有指导工作的能力。

对于这两种能力的提升，领导者要秉持没有最好、只有更好的理念，只要能适应时代及企业发展，就需要领导者持续学习提升。

◎ **智慧掌控**

关乎团队利益的事情，要坚持原则，从实际出发，从小处着手，纵观全局，确保团队发展目标不偏移。

竞争，从细节寻找对手软肋

《孙子兵法·虚实篇》中写道："夫兵形象水，水之形，避高而趋下，兵之形，避实而击虚。"意思是在攻击敌人时，要善于攻击敌人的空虚之处，特别是面对比自己强大的敌人，更要懂得运用此法。

商场如战场，企业发展亦是如此，这便是竞争。其实，这个道理我们都懂，不懂的是如何去做，主要难点在于如何找到对方的空虚之处，这是实施此战术的关键。

一、从细节着手，获取对手必要信息

1. 网络搜索获取。首先，可以通过在网络搜索中输入关键词获取信息，比如竞争对手从事的是建材行业，那么输入"建材 + 公司名"就能够看到很多相关公司的信息，如公司网站、公众号等。其次，通过第三方查询工具获取信息，如企查查（工商信息查询）、公司企业注册信息查询、全国企业信用信息公示系统等。以上两种方式都能够查到对方的基础信息。

2. 线上行业群或线下行业聚会。如果一个公司有一定的实力，那么，在行业当中必然是具有一定影响力的，可以通过线上行业群如微信群、QQ 群、论坛等，了解较为客观的信息。此外，线下行业论坛、聚会、展会等，也是收集竞争对手信息的方式之一。

3. **专利查询**。专利是一个企业技术实力的重要体现，虽然有些专利并不能说明一个企业的真实实力，但是我们可以从专利的种类、多少，分析出对方的产品信息及主要竞品。具体方法是在专利数据库中查询或委托专利事务所代理查询。

4. **招聘网站查询**。随着互联网科技的高速发展，相关招聘网站种类繁多，且信息越来越全面。而一个企业在发展过程中必然离不开招聘，对招聘网站的运用必不可少。

在招聘网站中，输入企业信息找到该企业，我们可以从对方招聘的岗位、要求、福利等方面对企业的运营发展有一个大致的了解。可以获取许多竞争情报，能了解该公司所使用的技术、策略、研究和开发重点，甚至扩张计划等。

5. **实地调查采集**。这是最古老却最有效的一个方法，因为很多信息是对方不会公开的，因此，通过现场调查、走访等能够获得更为翔实准确的信息。

记得在多年前，有一位开火锅店的老板，生意一直冷清，用了很多方法都不见成效，而当地有一家火锅店的生意却很火爆。为了找到原因，他暂时歇业，每天坐在这家生意火爆的火锅店对面进行观察，从营业一直到打烊。

他认真记录就餐人群的年龄、性别、打扮、就餐高峰时段，询问食客的感受，甚至亲自就餐体验，感受服务、菜品种类及味道等。通过一个星期的观察，他对这家火锅店有了全面的了解，也找到了自己的众多不足。然后他通过一系列的整改，使自己的火锅店营业额直线上升。

6. 人际私域圈获取。通过朋友以及朋友的朋友进行打听咨询，也是获取竞争对手信息的有效方法之一。是否能够获得较好的效果，关键在于人际关系网的构建与积累。

7. 委托咨询。通过商业行为，委托专业的调查机构进行咨询。这种方式虽然需支付较高的费用，但效率较快。

以上是获取竞争对手重要信息的一些常用方法。领导者在进行参考的同时，也需要拓展升华，找到适合自己的方法。

二、从细节出发，分析对手弱点，确定对手软肋

信息获取之后，分析竞争对手弱点，确定软肋并制订策略才是整个工作的重中之重。

1. 对所掌握的信息进行分析甄别，去伪存真，并进行归纳。这个环节需要我们认真仔细，注重细节，否则容易漏掉一些重要信息。比如对方有上百项专利，而其中有一项不起眼的专利可能是对方产品的根基，若忽视错过则会影响竞品分析的结果。

2. 分析要点，确定对方短板。对信息的分析要抓住关键点，同样，也需要从细节出发。

首先，将对方的优势信息暂放一边，对不足信息重点分析。比照三个问题：客户的需求是什么？市场的需求是什么？是否满足需求？进行初步分析，找到初步短板。

其次，在初步短板的基础上进行深入分析：对方是否已经意识到自己的短板？是否已经在着手提升？短期内是否能够补齐短板？通过进一步甄选，将否定答案优先提取排序。

最后，制定相应策略。根据自己的优势资源，与甄选出的对手缺点相比，制定相应的策略。同时结合对方的优势，制定策略时要尽可能避开对方的优势。

三、以细节为重，把握时机，及时出手

在有些体育比赛中，有时候时机把握得越准确，往往越能够以弱胜强。企业竞争中策略的实施也是如此，在市场最需要、对手最大意的时候果断实施，往往能够取得最佳的效果。

这个环节考验的是领导者的眼光及决断力，以及对市场变化细节的准确把握，这些因素同时决定着策略执行的效果。

◎ 智慧掌控

在企业竞争中，对细节的把握，对手信息的获取、分析及应对策略的制定，都要从细节出发，在细节中可以发现至关重要乃至决定成败的信息。

第八章
制度掌控——将风险圈在制度里面

　　国有国法，家有家规，在文明发展的社会，离不开"规矩"二字。作为领导者，制度可以帮助领导者规范员工行为，引导事情发展的正确方向，并协助领导者掌控全局、领导全局。

制度是战斗力的基本保障

一、制度对于团队发展的意义

1. 制度是企业发展的必要条件。国有国法，家有家规，一个企业的运行不仅要受到外部政策的约束，如工商、税务等，同时也要有规范的内部约束，即管理制度。内部管理制度是企业运行发展规范的保证，是保障企业战斗力的主要因素。没有完善的制度，企业运行就会如无头苍蝇一般杂乱无序。

2. 制度是企业活力的基础。一个企业所有的经营活动都需要建立在合理的制度基础之上，否则，企业经营活动就会成为一种形式，失去实际意义。

比如有一家企业制定了这样一个考勤制度：中层以上（包含中层）员工上下班不用打卡，中层以下员工上下班必须打卡，且迟到一分钟扣 50 元，连续迟到三次扣除年度奖金。此制度一经公布，中层以下员工纷纷抱怨不公平，尤其是基层员工对此甚是不满。当然，这个考勤制度的确有效，制度出来后，中层以下的员工中几乎没有人再迟到过。但是，他们的工作积极性大减，上班怠工的情况越来越多，整个团队的执行力几乎下降了一半。

　　为什么会出现这种情况呢？原因就是制度的不公平、不合理，员工把对制度的不满发泄到了工作上。显然，这不是领导者愿意看到的。

　　3. 制度是企业发展的动力。当企业发展到一定规模，员工越来越多的时候，就需要用制度进行信息传递、能力考察、奖惩激励等，以此来保障企业的发展壮大，同时提升管理水平。

　　4. 制度是企业竞争的重要手段。我们常说有竞争才会有压力，有压力才会有动力，而动力该如何充分保障呢？当然是制度。首先，在物力、人力、思想观念、产品等方面的竞争中，载体就是制度。甚至可以说，企业管理制度是否完善、规范，是企业竞争力的直接体现。其次，完善的制度有助于建立一支高效的团队，有助于激发员工的潜能，提升团队的战斗力，这便是竞争力。

　　5. 制度是提升领导力的重要助手。完善的管理制度能够把领导者从繁琐的事务中解放出来，从而有更多的时间和精力去处理更为重要的事务。显然，在这种情况下领导力会骤然提升，管理效率会倍增。

　　6. 制度是企业人才建设的引力。一个规范完善的制度必须是公平、公正的，通常有良好的信誉支撑着，否则，这个制度一定不会长久。而对于大多数员工来说，公平、公正是他们想要的。比如销售佣金是500元，员工的需求就是拿到这500元，而不是被领导克扣，拿到手的只有400元。所以，好的制度对于人才来说是非常具有吸引力的。

二、制度要从员工中来，到员工中去

　　1. 制度代表的是团队，不是领导者。一个领导者往往代表的是一个团队，要为团队负责。而一个团队，它是一盘散沙还是一个具有凝聚力的集体，关键在于制度的制定与执行。

有人认为，只要领导者足够优秀、足够有魅力，即使没有健全的制度，也能够将团队管理得很好，让团队更加优秀且具有凝聚力。从领导学的角度讲，这种现象是存在的，但一定不会长久。一个优秀的团队一定是建立在完善的制度上的，而不是建立在领导者的个人魅力上，这是领导者必须明白的道理。

如果把团队比作是一个人，那么，制度就是人的骨骼，每一个关节骨骼都有自己的职责，在自己的位置上做着该做的事情，从来不会越界。所以，人的机体才会正常运转，而且通过锻炼各关节会越来越灵活，体质会越来越好。这就是制度在团队中的作用。

2. 制度要深入企业各层级。有一家刚成立不久的广告公司颇具实力，设计师基本都操盘过国内一些知名项目。可是，公司成立一年之久，一直都没有什么业务。为此，老板对品宣部负责人进行了严厉的批评，认为是宣传做得不够好。而品宣部负责人也是有苦难言，什么传统媒体、新媒体等都做了，图文、视频等形式都用了，可就是不见效果。

后来公司招聘了一位副总，他在对公司做了全面了解后，制订了一些新的举措，比如对销售进行积极有效的销售辅导；明确目标客户和潜在客户，以及增强与客户的互动；鼓励团队协作，确保团队间的紧密协作与沟通；实行更具激励性的奖惩措施等。不久后，公司业务便有了明显提升。

只有让每个员工重视制度，并深入到员工心中，他们才会积极地去执行。如同案例中的宣传一样，人人去执行，效果才能最大化。

在制度深入到每一个员工心中的同时，还需要建立制度责任制，把执行责任落实到各部门负责人身上，形成层层有人执行、层层有人负责的机制，这种形式能够保证制度执行的高度统一。

◎ **智慧掌控**

　　企业人才建设、团队执行力、竞争力等关乎企业运行的很多要素，都需要制度的介入才能让各要素发挥最大的作用力，以此来保障企业强有力的战斗力。

制度的核心，组织利益高于一切

　　一个团队构建制度的目的是什么？

　　想必领导者都能给出标准的答案，推进团队健康快速发展是制定团队制度的核心目的。当然，实现个人利益也是团队制度的构建目的之一，但是，不管是团队制度的构建还是执行，都不能完全以实现个人利益为目的，不能把个人意志凌驾于团队管理制度之上。否则，制度就会成为一种摆设，员工的行为、团队的发展方向都会发生不可逆转的偏差。

一、以组织利益高于一切为制度构建执行原则

　　在组织利益高于一切的原则上，领导者在制度制定初期，需要设计好以下几个方面的制度。

1. 健全的组织结构。组织结构是团队管理制度的基础，是团队工作任务分配的基本参考框架，如直线制、职能制、事业部制、矩阵制等组织框架。组织结构的建立有助于对团队工作进行针对性的分配，避免权力交叉，避免管理混乱等现象的发生。

2. 严格的用人制度。优秀的用人制度能够让人力资源得到更加合理的配置，团队分配更加完善，员工的积极性充分调动，是一种新型的适合市场发展需求的人事管理体制。更为重要的是这个制度要以团队利益至高无上为准则，以建立高素质、高水平团队为方向。

3. 薪酬管理制度。薪酬管理制度最重要的意义在于激励员工发挥最大的潜能，为团队创造更大的价值。在构建薪酬制度时要注意，薪酬不是单一的工资，也不仅仅是员工的劳动所得，它更代表着员工自身的价值，代表着企业认可的一种态度。在薪酬制度的制定上，尽量要做到细分化，如基本工资、津贴、奖金、福利等，这样有助于领导者在激励控制员工时，操作空间更大、更便捷。

4. 良性竞争机制。团队竞争机制的建立有助于对产品的升级改造、对经营管理的提升、对生产效率的提高，以及促进产品与市场需求的适应性。当然，对于团队建设来说，更具有激励的作用，如团队内部竞聘机制。

五年前，有一家快递公司凭借良好的口碑和优质的服务，深受用户喜爱。经过五年的发展，这家快递公司的服务网点已遍布全国各地，但出现了一个很让老板头疼的问题，那就是原先依靠上级推荐的岗位晋升机制经常会出现一些"人不符岗"的情况，即个人能力达不到岗位职责需求。

　　出现这种情况的原因要么是推荐者有私心，要么是推荐者看人不准。为了解决这个问题，由老板主持，由行政主导，多部门联合制定了一套完善的竞聘上岗机制，通过此机制进行岗位竞选。

　　一年后，"人不符岗"的情况大幅减少；又过了三年后，该公司的经营业绩直线上升。

二、制定良好的制度

　　在教育界，某知名学者曾说过这样一句话："哈佛大学独具特色的大学制度是保证其毕业生一流水平的根本原因。"同理，一个良好的制度也可以保障一流企业的规范，可以塑造出一流的员工。既然一个良好的制度如此重要，那么，在建立制度时要把握哪些要素呢？

　　1. 建立制度的目的要明确。首先，团队制度的建立要以团队利益高于一切为方向和基础。其次，不同的制度可以解决不同的问题，制度可以协助管理者的工作，为此，制度的建立要有针对性。

　　2. 制度制定要科学。制度可以解决事的问题，但事是由人去做的，所以，领导者不但要研究事的问题，更要研究人的问题。而人都有趋利避害的心理，把握人的本性，从解决事的初衷出发，这样的制度才更具合理性、科学性。

　　3. 领导者主导。在有些团队中，领导者将制定制度的权力进行了下放，这导致有些执行者没有违反制度，领导者却觉得做得不对，甚至有些执行者违反了制度，领导者看到了却不能准确地判断，这对于领导者来说是糟糕的。制度是领导者进行管理的载体，是达到管理目的的主要方式，所以，关于团队一切制度的制定，领导者都要参与并主导。

4.制度要顺应时代发展及市场需求。社会在发展，市场在变化，那么，制度也不可能一成不变，因为制度要与时代、市场相契合，这样的制度才能适应发展。所以，在制度执行的过程中，要根据时代发展、市场变化适时进行改革。

◎ 智慧掌控

　　制度的核心是组织利益高于一切，在此基础上，在团队发展过程中，制度的建立和完善都要放在企业管理的首要位置。领导者更要以身作则，做好制度执行的表率。

建立健全管理制度

　　在团队管理中，构建健全的管理制度对于提升领导效率和团队快速健康发展至关重要，它可以正确指导企业发展的方向，促进团队内部的协调与运作。建立一个健全的管理制度，可以从以下几个方面入手。

一、组织结构与岗位职责

　　1.组织结构。组织结构的构建要根据企业规模和业务需求来定。小规模的企业运用繁杂的组织结构，会让执行力、团队效率更低，团队协作更困难；大规模的企业运用松散的组织结构，会严重影响企业的发展和运作。所以，企业组织结构不可照搬，只有适合自己企业的组织结构才是最好的，才可以发挥最大的作用。

2. 岗位职责。岗位不同，职责自然不同，要把这个"不同"做好，需要从大局出发。首先，明确每个岗位的职责，让负责人知道自己该做什么，不该做什么；其次，制订详细的工作流程，为员工的执行提供指导；最后，从组织结构出发，要实现岗位职责的互相衔接，避免无人负责的情况出现，要做到能够上传下达，事事有人负责，这样可最大程度地避免执行过程中推诿扯皮现象的出现。

二、沟通机制

沟通机制也可以视为一种管理制度，因为良好的沟通机制有助于信息的畅通，能够促进问题得到快速解决，提升团队协作的效率。这与制定管理制度的目标是一致的。具体该怎么做呢？

1. 定期会议。用制度的形式定期组织召开会议，如部门会议、跨部门协调会议、全体员工大会等，探讨、梳理工作中遇到的问题并解决，分享成功经验，共同成长。当下很多部门都有晨会、晚会，目的是总结交流，从而提高工作效率。需要注意的是会议规模、时长要根据探讨事件的轻重大小而定。不要因为一件小事情就召开全员大会，这是浪费他人时间；也不要把涉及团队发展的大事放在部门会议上去讨论，这样做没有太大意义。

2. 构建沟通平台并制定规则。其实，会议是一种沟通平台，不过随着科技的发展，沟通的方式已经越来越多元化，借助新媒体平台进行沟通是很多企业当下采用的 种方式，如腾讯会议平台、微信群、钉钉等，新媒体平台让我们的沟通方式更便捷、高效。但是，这类平台有一个弊端，那就是在群里经常会出现一些与工作无关的发言或信息，为此，管理者要制定新媒体会议制度或者"群规"，在鼓励大家发言的基础上，约束一些无关的信息的出现。

三、激励机制

激励是团队管理中的重要环节，能够有效激发员工的积极性和创造力，促进团队的快速发展。而要做好激励机制，有以下几点需要注意。

1. 绩效评估。绩效评估是激励的参考标准，领导者只有知道谁做得好，谁做得不好，才能进行正确的激励。所以，领导者需要根据岗位特点和业务目标，制定出清晰的绩效考核指标，而且这个指标一定是可以量化的，而且与团队长期发展方向紧密相关。

一位企业家曾经到一家工厂考察，他问管理者："你是如何考核员工是否优秀的？"

管理者说："我每天都会去各个车间部门，他们干得好不好，我都可以看到。"

企业家又问："什么叫干得好？什么叫干得不好呢？"

管理者说："如果让我看到工作时间在偷懒的人，肯定干得不好，你看有的员工每天都忙忙碌碌的，肯定是优秀员工了。"

显然，这位管理者不懂绩效评估，他认为的绩效考核就是自己的感觉，就是自己每天看到的员工行为。这种绩效考核方式肯定是错误的，有些人每天不到公司上班，但一个月能给企业创造上百万的销售收入，有些人每天准时上下班，甚至有时还会加班，一个月却只能给企业创造几万元的销售收入。显然，前者要比后者更优秀。所以，考核不能只看表面行为，而要看结果。

2. 激励措施。绩效评估之后便是激励措施，优秀者要得到应有的奖励。奖励方式可以多种多样，以充分满足员工的需求，最大限度激发员工的积极性，如薪酬激励、岗位晋升、培训提升、现金激励等。

四、定期评估，不断升级

健全的管理制度一定是在不断改进中形成的。在实际运用中，通过不断总结经验、教训，并加以调整改进，管理制度才会不断完善，领导者的管理水平才能不断提升。

1. 构建学习型组织。引导员工不断学习提升，并给员工创造学习提升的机会，同时鼓励员工去发现问题，以便管理者更好地对制度进行优化。

2. 鼓励员工创新并适度运用。创新是促进制度高效运作的源头，有时候，一个小小的创新会为工作效率带来大幅提升。首先，引导员工的创新思维，并给予鼓励；其次，对于具有积极意义的制度创新，可允许创新者在小范围内试用，效果明显则推而广之。

◎ 智慧掌控

健全的管理制度是提升企业管理水平的重要因素，领导者要明确组织结构与职责分工、建立有效的沟通机制、制定完善的制度与流程、建立绩效评估与激励机制，并持续改进和学习。

制定完善后续机制

企业规模越大，制度就会越详尽，且涉及方方面面，但大多数是运营管理制度，旨在保证企业的高效运作。而要想让企业更加稳定、长足地发展，还需要一些后续机制，如跟踪管理机制、风险管理机制、质量管理机制等。这些机制从表面上看对于企业的正常运营无关紧要，可有可无。而从长远来看，却是保证企业长足发展、关键时候解决危机的重要基石。

一、跟踪管理机制

跟踪管理机制是指针对已执行项目进程或为不断提升服务而制定的一种信息收集、信息反馈、解决问题的机制，通常运用于售后服务、项目执行等方面。

比如在售后服务中，由于产品问题、客户需求等原因，客户总会有一些新的意见，这时需要有一种机制来不断促进服务水平的提升，从而不断提升客户的满意度。需要明白的是，这种机制有别于售后服务机制，它的作用在于完善售后服务机制。

再比如在执行某项目时，因为种种原因可能会出现拖延、执行力弱等情况，当这种现象出现时，跟踪管理机制能够马上介入，进行信息的反馈和问题的处理，以此来保障项目执行的高效和高质量。

总之，跟踪管理机制主要有三大功能，即信息收集、信息反馈、解决问题。

1. 信息收集。信息收集的目的重在发现执行过程中的痛点、难点、堵点，同时还要对执行过程进行实时跟踪。

2. 信息反馈。发现问题需将此信息及时反馈到相应的环节，信息反馈是否及时准确，关系着执行的效率和质量。当下，信息反馈的方式有很多种，如通过线上专业电子系统反馈、邮箱工具反馈、线下常规反馈等。不管采用何种反馈方式，最重要的是反馈的信息要及时、准确。

3. 解决问题。接收到信息后，制订解决方案、高效解决是跟踪机制的最终目的。作为领导者，面对制度执行过程中遇到的问题，要及时召集相关人员进行研讨，制订最佳的解决方案，并快速执行。所以说，领导者在这一环节中具有举足轻重的作用。

二、风险管理机制

所谓风险管理机制，即为了保障执行的安全，预防和应对突发事件的机制。其目的在于管理和降低执行风险，以确保执行的质量。比如网上出现了一个某啤酒厂工人在发酵池撒尿的视频，几乎是在一夜之间，这个视频火爆全网，冲上了热搜第一，众多网友纷纷吐槽："以后再也不喝该品牌的啤酒了""太恶心了，我应该把这个视频拿给我老公看"……网上的舆论几乎是一边倒的对该啤酒品牌的指责和不满。这便是舆论危机，也是风险管理的主要对象。

据媒体报道，这泡尿让该品牌股价跌停，损失上亿。风险管理的意义就在于防止类似事件的发生，或者在类似事件发生时能够第一时间响应，最大程度地降低损失。要做好风险管理机制，需要深入理解以下几个方面。

1. 风险识别。有识别潜在风险的能力，可通过相关业务、流程、环境等进行全面分析，进行内部风险和外部风险的确定。

2. 风险评估。风险识别出来后，需确定风险的潜在影响力和发生概率，以此来划分风险的等级。

3. 风险监控。通过管理机制对风险进行有效的监控，掌握风险的变化。可通过多部门联动进行信息共享沟通，以随时了解风险的走向。

4. 风险应对。当风险确认之后，需制订出抑制方案和应对方案。一方面，控制潜在风险的发生；另一方面，以便在风险出现苗头时第一时间做出响应，控制风险的蔓延。

三、质量管理机制

质量管理是企业的生命线，对于很多企业来说，质量管理是一项长期且艰巨的工作。质量管理机制是对产品、执行、服务等方面的一种监控和管理，比如有些企业设置有品控部、质量发展部等，都是质量管理机制的一种体现。

1. 质量管理机制与售后服务相融合。售后服务部门是最了解客户对产品的看法的部门，要想提高质量，首先要解决客户对产品的不满。因此，这两个部门的融合有助于质量管理的进一步提升。

2. 质量管理机制与生产相融合。生产是决定产品质量的重要环节，尽管很多时候生产部门做的都是一些装配工作，但装配工艺的优劣可直接体现在产品质量上。

3.质量管理机制与研发相融合。如果产品在开发设计之初就有缺陷，那么，产品质量在后期是无论如何都上不去的。其他环节做得再好，也没有太大的意义。所以，在产品开发设计阶段，质量管理机制就要介入其中。

◎ 智慧掌控

　　跟踪管理机制、风险管理机制、质量管理机制的建立和完善，是企业制度高效执行的原动力，更是企业长远、稳定发展的保障。

强化制度淡人情

　　在企业管理中，制度是管控员工的基准线，员工突破制度如同社会中有人突破了法律，是一种越线行为，会严重影响团队的稳定和谐。然而在很多时候，尤其是在当代，人情往往是影响制度执行的最大阻碍。制度执行力与人情往往是成反比的，也就是说，人情讲得越多，制度执行力就越差，人情讲得越少，制度执行力就越强。当然，即使领导者在制度执行中不讲人情，依然有一些人会突破制度底线，如不能妥善处理，会起到负面的引导作用。

　　所以，在制度执行过程中，领导者首先要做到"人情淡薄"；其次要学会惩一儆百，以此来强化制度，提升领导掌控力。

一、减少人情照顾

关于企业的"人情"问题，很多企业领导人之间曾进行过深度的探讨，有些人无奈地表示："战略很好，制度也没有问题，但在执行中因为遇到了'人情'而不能实施！"有些人说："制度执行一定要靠铁的纪律，唯有坚定地执行才能发挥出战略最大的意义。"

总之，大家一致认为在制度执行中领导者不应该徇私情，否则，领导者的影响力就会受到严重威胁。那么，领导者该如何做才能减少"人情"的侵扰呢？

1. 向全员表态制度执行的严肃性，断绝退路。之所以会出现"人情"问题，让领导者觉得左右为难，一方面是因为领导者认为自己有左右制度的能力，另一方面是因为熟人开口说情，让领导者难以拒绝。如果领导者在制定制度后，能够当着全员的面严肃地表态，一切按照制度办事，任何人违反都要受到惩罚。那么，就可以断绝自己左右制度的退路，也会让说情者有自知之明，从而充分保证制度的有效性。

2. 设立制度监督执行部门。大企业可以专门设置此部门，小企业可从各部门抽调人员组成，其工作任务是监督制度的执行以及越界后的惩罚。将监督执行下放到此部门，领导者只对该部门的监督执行工作负责。这样既可以保证制度执行的高效性，也可以为领导者躲避"人情"增加一道屏障。

二、惩一儆百的正确运用

老张被总部派往北部大区任总经理，刚到公司，人生地不熟，很多员工对老张都有意见，尤其是几个区域经理，对老张总是阳奉阴违、欺上瞒下。对于这一点，老张也已深刻感受到并有了应对之策，决定从公司制度入手。

这天老张召开全体员工大会，时间定在了早上上班时间。然而，有两名业务员迟到了。会议一开始，老张严肃地读了一遍公司的考勤制度，然后严肃地说："刚刚有两位同事迟到了，按照考勤制度，扣除这个月的奖金，如果一个月迟到三次以上，开除。"会场气氛顿时变得紧张起来。

接着老张问某区域经理："上个星期安排你与客户李总沟通的情况如何？"事实上，该区域经理早已忘记了此事，自然也没有与李总沟通。但为了应付老张，他说："我们已经沟通过了，李总说考虑考虑再给我回复。"

而尴尬的是李总当时就坐在该区域经理旁边，由于该区域经理根本没有去找李总，也不认识李总，所以就算李总坐在他旁边，他也不知道对方就是李总。而更重要的是开会之前李总与老张已有过接触，并受老张的邀请参加了这次会议。

老张听到这话，对该区域经理进行了严厉的批评，最后说："这个月的奖金全部取消。此外，如果这个月不能完成工作计划，按照公司规定，解除劳动合同。"

经过这次事件，该区域员工的执行力几乎是一夜之间发生大转变，阳奉阴违、欺上瞒下的事情再也没有发生过。

在团队管理中，对于员工的出格行为，有时用这个方法可以起到彻

底遏制的效果，因为不但能够惩罚当事人，还会给予其他员工警示，从而使他们自觉遵守公司制度。

◎ 智慧掌控

企业制度是企业战略执行的基本保障。领导者要坚持原则，坚定执行，不能因"人情"而让制度成为某些人的摆设，必要的时候进行惩一儆百的警醒，往往能起到事半功倍的作用。

第九章
策略掌控——事半功倍的领导智慧

　　有时候要想高效地办成一件事情，就不得不采用一些策略。在有些领导者看来，有些策略或许不够高级，或许不值一提。但只要准确把握时机，往往能够起到事半功倍的效果。

借力生力：善于借助外力办事

"好风凭借力，送我上青云。"在这个社会中，凡是善于借助别人的力量办事的，均可事半功倍，因为可更快捷地达到目的。仅靠一个人的力量是很难成功的，优秀的领导者要懂得借势、借力、借智。就像俗语说的"借鸡生蛋"一样，善于借用外力的人能让别人心甘情愿地把资源借给他，甚至让对方乐意且主动地借给他。

作为领导者，想要高效地处理一些事情，除了自身必须具备一定的能力之外，还需要掌握一定的策略，"借力生力"便是一种有效的管理策略。

一、借力生力的含义

所谓借力生力，即借助外力，使之成为有助于自己的力量。从领导力的角度讲，便是借助外力所产生的力量帮助自己达成某个目标。

二、借力生力的适用范围

管理者在工作中所要面对的事情主要有两个方面：一方面是人，即管人、用人；另一方面是事，即解决难题、处理问题。

有一家公司正在执行一个很重要的项目，但是项目经理推进得非常慢，总经理和项目经理的私交甚好，在得知项目推进异常缓慢后，几次督促项目经理要加快推进项目建设，并一再阐述项目的重要性，可项目经理依然如故。最后，总经理想到一个办法，他让助理与项目经理沟通，并让助理告知项目经理如果项目不能如期完成的严重后果。

由于助理和项目经理没有什么私交，助理非常直白地对项目经理说："这个项目是公司的重要项目，由于推进缓慢，董事会决定如果一周内还达不到预定进度，这个项目便由其他人来负责推进……"项目经理听到这话，顿时紧张起来，并在预计的时间内完成了项目。

领导者在管人时，有些话不好说可以借别人之口来说，这也是借力。显然，在管人时这个方法是适用的。

在做事方面，这个方法也是适用的。比如通过拆借资金来缓解资金压力；通过人际关系寻找优质项目等。而事实上，纵观当下一些成功人士，他们的成功之路都有通过借力生力解决事情的案例。

三、借力的对象

1. **向员工借力**。一个员工在企业中可能会创造利润，也有可能给企业造成损失，还有可能与企业两不相欠。当员工创造的价值高于企业对其的开支时，即企业是盈利的；当低于对其的开支时，员工便是企业的负担；当两者持平时，对于企业发展来说，该员工已失去了意义。

从这个角度来看，领导者要向员工借力，只能让员工的能力不断提升，或者聘用能力更强的人来为企业创造出更多的价值。

2. **向团队借力**。俗话说："三个臭皮匠，顶个诸葛亮。"团队的力量是强大的，而且往往要高于个人的力量。所以，借助团队的力量能够处理一些棘手或看似不可能的事情。有这样一个例子，某地新建了一座图书馆，同时要把旧图书馆的书搬到新图书馆，这就需要耗费较大的人力、物力以及费用，对于花费巨资刚刚新建图书馆的单位来说也是一笔不小的支出。面对这个问题，馆长想出了一个办法，原先图书馆规定一个人一个星期只能借一本书，现在一个人两个月内可以借二十本书，但还书要到新馆还。此消息一出，很多人前来旧馆借书……

旧图书馆的书就这样巧妙地被转移到了新图书馆，这便是向众人借力的效果。

3. **向下属借力**。领导者可以借助外力来掌控下属，也可以借助下属的力量更高效地办事。比如在下属能力提升的同时放权给他们，这样既可以让下属更快成长，还可以让领导者从一些琐碎的事情中脱出身来，去做一些更重要的事情。

4. **向合作伙伴借力**。有一个词叫"双赢"，作为领导者对这个词的理解会更深。有个线上音乐平台，与一个做生鲜的电商平台有过这样一个合作，他们联合做了一款以音乐风格 mix 面包口味为概念的产品，推出了四款独特的唱片面包。

由于各自的受众群体不同，两者的跨界合作使得两家企业的品牌曝光度都有了提升，通过流量交叉，彼此又多了一批潜在客户和成交量，这便是借力双赢。

5. **向对手借力**。都说同行是冤家，这是一般领导者的观念，而强大的领导者会认为竞争对手才是促使自己更加强大的重要力量。向对手借力要借什么？借人、借钱是不可能的，领导者要借的是对方的优势。

先看自己有没有，如果没有就"借"过来为自己所用；也要借对方的不足，看自己是不是也存在，有则改之，无则加勉；还要借对方的理念，结合自己的理念去超越对方，走在行业的前列。这些便是向对手借力的意义。

◎ **智慧掌控**

"借力生力"是一种有效的领导掌控策略。

"借力生力"适用于管人及做事。

选对借力的对象，做事定会事半功倍。

生存策略：在变与不变中求生存

关于生存策略，是指适应于获取和利用资源的生物生命史形式或行为方式。通俗地讲，就是为了生存而采取的一种方式方法。在探讨领导力生存策略前，先聊聊植物的生存策略。

从生存的角度讲，植物有两种：一种是在生长时间上与其他植物错开时间段，或向边际发展扩散，避开竞争。比如蒲公英，它常生长在路的两边，这样在动物经过时，会轻易带走它们的种子，使它们更容易繁殖。春天的时候，它萌发较早，当别的植物开始生长时，它已经完成了开花结果，避开了与其他植物的生长环境竞争，使之更容易生存。另一种植物习惯在竞争中生存，不但能够与其他植物共存，还可

以在竞争中不断茁壮成长。这两种植物的不同生存方式都是一种生存策略。

通过理解植物的生存策略，再来探讨领导力生存策略。

一、领导力生存策略的含义

领导力生存策略的含义是为了对事件、企业发展有一个更好的掌控，用最优、最有效的方式来处理一些事件，目的是提升处理事件的效率，掌控事件正确的发展方向。

二、生存策略在领导掌控力中的运用

在竞争中求生存，在创新中求发展，每个领导、每个企业都有其不同的属性。有些企业适合横向拓展发展，而有些企业只能在纵向竞争中发展；有些事情必须用竞争的态度去处理，而有些事情可以迂回去处理。所以，不同性质的企业、不同的事件需采用不同的方式去处理。

1. 在生存中拓展。近几年非常流行一个词，叫"跨界"。比如有些歌手去演戏，有些演员去做导演，有些演员去做养殖业等；再比如做手机的开始做汽车，如小米汽车；做传统白酒的开始做冰淇淋，如茅台联合蒙牛推出的盒装"茅台冰淇淋"，便是跨界，也是一种生存拓展的方式。企业发展中还有一种方式，即"关系边缘型拓展"，在主营业务的边缘找机会，向与自己业务有关的行业发展。

那么，作为领导者在什么时候可以拓展？该采用哪种方式进行拓展呢？

（1）跨界拓展。尽管目前看起来跨界发展似乎备受各企业和消费者的青睐，但有跨界后一飞冲天的，也有跨界后失败的。所以，跨界拓展是一项极具风险性和挑战性的行为，那么，在什么情况下适合跨界拓展呢？

第一，主营业务发展良好，并且有足够的经济实力或资源；

第二，主营业务与跨界业务不冲突；

第三，确保跨界业务能够进得去、站得住、打得赢。

如果做不到以上三点，则风险太高，就不是所谓的生存策略。

（2）关系边缘型拓展。这种拓展类型相对于跨界拓展虽较为保守，但因为与主营业务有关联，有资源、关系优势，所以成功率、安全性较高。比如主营木材业务的企业向家居行业拓展，做传统汽车的企业向新能源汽车、智能型汽车拓展等。那么，什么时候可以进行这类拓展呢？

第一，主营业务产品逐渐不适应当下社会发展的需求；

第二，主营业务发展遭遇瓶颈，长期无法突破；

第三，主营产品形式单一，不具备竞争优势。

以上三种情况可采用关系边缘型拓展来保障企业的生存力。

以上便是生存策略中的"变"。

2. 在生存中竞争。 俗话说"物竞天择，适者生存"，"变"的基础是适应竞争。如果在竞争中遇到一点困难挫折就放弃，闹着要"变"、要拓展领域，这是向挫折屈服的消极表现。所以，懂得如何在生存中竞争要比"变"更有意义。

（1）习惯竞争。竞争是市场经济中的必然现象，我们首先要习惯

竞争，客观认识竞争，然后坦然面对竞争。

（2）产品做精、做深。如何让企业在竞争中立于不败之地，这是每个企业的领导者一直在研究的课题。其实，要做到这一点，最关键的要素就是将产品做精、做深，即产品要精细化生产，类别要深度拓展，让高质量、全类别的产品成为企业的支柱。

（3）营销做简、做频。就当前的经济环境及媒体发展趋势来说，要想降低竞争生存的难度，在短期内获得效益，就需要营销。同时在自媒体发展迅速的今天，更适合做一些精简的营销策略，用高频次的打法提升产品的影响力。

以上三点便是生存策略中的"不变"。

◎ **智慧掌控**

变，可以为企业效益的增长提供新的载体，保证经营有足够的灵活性，保证企业总体盈利的稳定，使企业的优势资源得到共享。

不变，可以不断提升企业的核心竞争力，在稳中求胜，避免未知的风险。

变与不变，要看企业、产品发展状态及属性还有市场趋势及社会发展需求，不可仓促、草率地下决定。

发展策略：知己知彼才能百战不殆

很多领导者都喜欢研究《孙子兵法》，他们不但喜欢研究，而且喜欢照着书上说的去做。比如，书中有一句话叫"知己知彼，百战不殆"，有个儿童玩具工厂的老板就曾滔滔不绝地向他的朋友传授起他的生意经来。

他说："做生意很简单，只要你头脑聪明，紧紧盯着对手的产品，你的生产速度又足够快，你就一定能赚钱。"

当时听到这话，他的朋友感觉有点难以理解，接着他又说："天下的东西都一样，就看你会不会抄，抄的速度够不够快。知己知彼，百战不殆嘛！"

听到这话，他的朋友瞬间明白了，原来对方所说的生意经就是复制，当对手出新产品时，马上复制对手的产品，并顺带进行创新升级。

这个老板通过这种做法确实赚了一些钱，但十年过后这个老板已经换了很多个行业，他的生意一直没有大的发展，成不了规模。

不得不承认，这个老板是聪明的，但他误解了"知己知彼，百战不殆"这句名言。他不仅忘记了"知己"，而且对"知彼"的理解也不够深入，"知彼"并不只是研究对方的产品进行抄袭，而是了解对方的

经营思路、方向等，从而制定相应的应对策略，以此达到领先对方的目的。

一、领导者如何做到"知己"

从商业的角度讲，领导者要真正做到"知己"，要从以下几个方面入手。

1. 市场面。作为领导者，市场面是必须要了解的。只有熟悉自己行业市场的动向，才能掌好舵，做出正确的决策。

有人说市场是有规律的，的确，物以稀为贵这个规律是不会变的，但有时市场需求是瞬息万变的。所以，了解市场面不仅需要学习掌握一些经济学知识，更要及时掌握最前沿的信息，以便做出正确的决策。

2. 自我优势面。所谓"自我优势面"，即对自我正确的认知。你的优势是什么？你的劣势是什么？你的资源是什么？你的短板是什么……了解自己，认识自己，这是领导者最为重要也最难能可贵的东西。

家住郑州的刘先生是当地的拆迁户，前几年城中村拆迁，他们家获得了几百万赔偿。他们家是开汽修厂的，但他从小有一个愿望，就是开一家烤肉店。有了这几百万，他说干就干，很快，烤肉店便开了起来。但开业时的热闹景象过后，生意却一般，甚至有时候在上班时间，服务员因无事可做只能玩手机。

即使生意如此不好，靠着家里殷实，他还是坚持了一年多。后来他的朋友建议他开一家二手车店，因为他家里本来就是开汽车修理厂的，做起来肯定要比其他行业顺利很多。刘先生听了建议后，决定尝试一下。于是，他狠心关了烤肉店，又立马开了一家二手车店，结果刘先生的生意做得非常好。刘先生成功的原因有这样两个方面。

第一，他有一半的客户都是汽修厂的客户资源；

第二，利用汽修厂的便利，推出政策：来他这里买车，免费保养三次且保修三年。

所以，正确认识自己，做自己擅长的事情，才会事半功倍。

二、领导者如何做到"知彼"

领导者要做到"知彼"，需要从以下几个方面入手。

1. **了解对手状态**。首先，要准确找到自己的竞争对手。有人说这很容易，其实不然。比如有些领导者，自己是千万级规模的企业，却把不到百万量级的企业作为竞争对手，这肯定是低估了自己或者高估了对方。恰如 2 米的个子和 1 米的个子比身高，只会降低自己的竞争地位。

其次，正确认识对手的优势和短板。比如海底捞之所以备受人们喜爱，亮点是海底捞的服务；巴奴火锅的亮点是毛肚和菌汤，他们有句广告词叫"服务不是巴奴的特色，毛肚和菌汤才是"。

曾有人说过这样一句话："最好的策略就是你打你的，我打我的。"这句话放在这里最为合适，了解对手的目的之一就是看清对手的优势，然后从这个角度去思考自己该怎么做，而不是去照抄。

2. **了解客户需求**。了解客户需求的目的是为客户提供更好的服务或产品，站在客户的角度来审视自己的产品。只有不断改进、不断创新升级，才能够长久地留住客户，并让客户对你的产品养成使用习惯。企

业要做的是掌好产品生产创新的舵，保持客户的认可度。

3. **了解发展趋势**。随着社会的发展，消费者的需求会不断改变，企业的产品及服务也要随着社会的发展趋势不断进行改变。所以，领导者要时刻关注社会的发展及趋势变化，做到与社会发展同步，与消费者需求同频。

◎ **智慧掌控**

知己：知市场面、知自我优势面。知己，是正确决策、掌好舵的基础。

知彼：知对手状态、知客户需求、知发展趋势。知彼，是推动发展的关键要素。

变化策略：攻其不备，以奇制胜

要做到奇，就需变，变则通，通则达，就需打破惯性思维。在对方意想不到的情况下，出奇招，取得胜利。

《孙子兵法·兵势篇》中说："凡战者，以正合，以奇胜。故善出奇者，无穷如天地，不竭如江河。"这段话的意思是：大凡作战，一般都是以"正"兵迎敌，而用"奇"兵取胜。所以，善于运用奇兵的将帅，其战法仿佛天地般变化无穷，犹如江河一样滔滔不绝。

在这段话中，可以看出在战争中，出奇招是何其重要，胜利者往往都是因为出奇制胜。虽然这里说的是战争，但运用在商业运营中，也如

"金科玉律"般适用。

领导者如何用好变化策略，充分发挥以奇制胜的作用，需要从以下两个方面入手。

一、思维奇

一个人在遇到问题时，大多会用惯性思维去思考解决问题的方法。比如员工因为工资低要离职，领导通过涨薪去留人；产品在市场中没有价格优势，领导通过降低产品价格的方法去占领市场等。这种运用传统思维的方式当然可以解决一些问题，但并不能解决根本问题，或者在解决问题时要花费更高更大的代价。以上两个问题可以尝试换一种思维方式，如尝试通过提升职位、讲述企业未来发展前景的方法去留人呢？通过创新产品、丰富产品功能去提升市场竞争力呢？

领导者需要一些奇思妙想，在思维上要更加多元化。一个优秀的领导者应该具备以下思维。

1. **逆向思维**。当一个问题无法用正常方法解决时，换一个角度去看问题，朝着相反的方向去思考，从结论倒推，也许会让一些问题简单化，更容易解决。

2. **创新思维**。有位名人曾说"要么创新，要么死亡"，可见，从商业的角度讲，创新思维对一个领导者来说是多么重要。作为领导者要打破常规思维，用超常规或者反常规的视角去思考问题，这样的思维方式往往能够想出新颖、独到的方法。

3. **发散思维**。作为普通人我们都知道，一个问题并不是只有一种解决方法，一个物品并不是只有一个用处。领导者在思考问题时，应秉承这种思维理念，多视角地去看待和判断问题，从点到面，从面到点，大胆假设，小心求证。发散思维是解决问题最高效的手段之一，可以让领导者事半功倍。

4. 整合思维。 纵观当下一些优秀的企业家，他们有一个共同特点，那就是具有极强的整合能力，而这种能力就来自整合思维。这一思维领导者务必要具备，因为只要具备了整合思维，领导者就可以通过整合去掌控一些有才能的人，让一件看似很难的事通过整合借助他人力量而轻而易举地做成。

二、方法奇

在一个传统白酒展销会上，有一家小企业在一个小角落里默默地展示着自己的产品。他们的酒是采用纯粮为原料再通过传统酿酒技术酿造的，酒香味醇，在当地非常受欢迎，这次来到展销会上因为产品包装一般，造型也一般，而且位置也不好，很难引起人们的注意，负责人看到此情况也是一筹莫展。

这时，该企业的营销经理说："反正坐着也是坐着，不妨让我来试试吧。"说完他拎着两瓶酒向展厅中央走去，刚走到展厅中心时，突然"不小心"掉了一瓶酒在地上，那瓶酒被摔得稀碎，同时人们出于好奇都向这边聚了过来。这时，酒的香味四散开来，弥漫了整个大厅，人们纷纷称赞道："这酒不错，真香！"结果经销商纷纷向他们订货，仅仅半天就预定了他们企业一年的生产量。

这便是奇招，也就是方法奇。独特的思维需要独特的方法去支撑和实现，这个方法要足够独特且出其不意。

出奇招，用奇谋，是古今中外的用兵之道，也是优秀领导者掌舵的常用方法。需要注意的是，在用奇招的时候也要注重"正"，正所谓"奇正相生，不可胜穷"。

◎ 智慧掌控

　　领导者的变化策略并非天生的，也非一朝一夕能够领会的，需要领导者不断学习，不断实践，总结经验。这样才能真正做到出奇制胜、行稳致远。

出击策略：避实击虚，攻其要害

　　《孙子兵法·虚实篇》中这样记载："夫兵形象水，水之形，避高而趋下，兵之形，避实而击虚。"

　　其意思是说：带兵打仗如同水流一样，水流的规律就是避高而下，用兵的规律就是避实而击虚。这条规律从古至今一直被一些决策者使用，显然，这是一条非常重要的制胜策略。从成败的概率来看，"实"对"虚"，必胜；"实"对"实"，胜负难分，即使获胜，也难免会两败俱伤。

　　在领导学中，避实就虚的原则同样决定着领导掌控力的强弱。比如在商业谈判中，用自己的优势与对方的弱势相比，往往能够占据谈判的主动权，掌控谈判的方向。

　　要运用好避实击虚的策略，需要掌握以下两个方面。

一、避实

避开锋芒，不正面对抗，这是一种领导智慧。在商战中，如果不战而胜是你的战略目标，那么，首先你要懂得避实，避免和对方硬碰硬，巧妙使用你的力量，以最少的损失获得最大的收获。

1.避免市场饱和。物以稀为贵，多为贱。如果一个产品市场已经饱和了，便为"实"，即使看到别人做得很好，也不要轻易介入。要等到市场转虚，即需要新的产品来满足市场需求的时候再进入，才有成功的概率。

2.避对手锋芒。在面对竞争对手时，避免与对方的优势抗衡。比如有些老板看到海底捞做得很好，于是想要模仿海底捞，通过提升服务与其较量。这种观念是不成熟的，因为服务在海底捞已经有了成套的体系甚至文化，已经获得消费者的认可，要想在服务上与其抗衡，基本不可能。

二、击虚

1.击对方价值链之虚。这里所指的价值链是指在对方实现价值的各个环节中找到对方虚弱的环节，然后突出自己在这方面的优势，从而提升自己的竞争力。

比如你的企业和竞争对手都是实体制造行业，对方在创新、生产方面非常强，一直被模仿，一直难以超越。而对方的分销及服务环节却非常弱，那么，要想在市场竞争中占据更多的份额，就可以从分销、服务入手，提高你的分销能力和服务质量来超越对方。做到这一点，你就离成功又近了一步。

2.击对方边界之虚。通常，对方的虚弱之处会出现在其不在意或自以为不重要的地方，也就是所谓的边界之虚，而这些地方有可能就是我们战胜对方的机会所在。在某市有两家大型超市，分别是 A 超市和 B 超市，两家超市直线距离不到一公里。A 超市是全国连锁超市，服务规范，生意很好；B 超市是一家本土超市，知名度没有 A 超市高，人流量一直低于 A 超市，生意较为惨淡。

在 2003 年的某一天，B 超市老板得到消息，说 A 超市对供应商非常苛刻，尤其是压款周期长，很多供应商都对此怨声载道。B 超市老板了解这个情况后马上出台了一个供应商政策：缩短且优于 A 超市的供应商货款结算周期。此政策一出，几乎所有 A 超市的供应商纷纷跑向 B 超市，A 超市的供货量骤减。不到两个月的时间，A 超市被迫搬离。

对于超市来说，核心产品就是优质的服务、质量可靠的产品，而供应商相对于核心产品来说，便是边界。但如果忽视这个边界，就可能为失败埋下种子。

3. 击对方心理之虚。 有一门学科叫心理学，心理学上有一种战术叫心理战，即能够克敌制胜的心理策略和方法。作为领导者，掌握这一点非常有必要，不管是商业沟通还是与下属的交流中，正确使用这一方法就能掌握主动权。

常用的方法有：

（1）暗示。提升团队成员或者合作伙伴的信心。

（2）引诱。抛出对方感兴趣或能够给对方造成心理压力的事件，麻痹对方或施加心理压力。

（3）主动出击。找准时机，先发制人，掌握主动权。

（4）拖耗。在保持自我情绪稳定的前提下，拖耗往往能够消耗对方精力，让自己处于优势位置。

◎ 智慧掌控

避免和对方的优势抗衡，是一种智慧，不是懦弱；攻击对方虚弱的地方，是一种战略，不是偷袭。

迂回策略：以退为进，欲擒故纵

在《三十六计》中对"欲擒故纵"的描述是这样的："逼则反兵，走则减势。紧随勿迫，累其气力，消其斗志，散而后擒，兵不血刃，需，有孚，光。"意思是说，把敌人逼得太紧，就会遭到反扑，若放其离开，就会削减对方的气势，所以只需紧随其后而不要逼迫对方，以此来消耗对方的体力和瓦解对方的斗志，等到对方士气低落、军心涣散时再进行擒拿，这样就可以不与人血战而获得胜利。

而这个策略不仅适用于战争中，在领导力中也非常适用，尤其是在人际沟通及管理方面，能够帮助领导者提升掌控力。

一、适用人群

这一策略适用于那些虚荣心强、傲慢自大、刚愎自用、自以为是的人，因为这些人身上大多有贪婪和自负的性格特点。比如那些傲慢的人，如果要强制反驳或说服他，容易让对方愤怒甚至拂袖而去。而采用欲擒故纵法，先认同对方的观点，让对方对你产生好感，等到对方对你放下戒心后，再试着引导说服对方，效果往往会好很多。

二、使用技巧

1. **做到知己知彼**。首先，要知道对方的性格特点，对方的筹码是什么，你的筹码是什么，这样就可以清楚地知道什么时候该退、什么时候该进。比如在与对方谈判的过程中，对自己利益影响不大但对方极力争取的事，可找个恰当的时机满足对方要求。一方面给对方留下好感，表达自己的诚意；另一方面在随后谈到关系自己利益的事时，能为自己争取更大的利益。而在这个过程中，如果不能做到知己知彼，便有可能弄巧成拙。

2. **做到收放自如**。所谓收放自如，就是要把握好尺度，不能收得太晚，也不能放得太早。收得太晚，可能会两败俱伤；放得太早，可能会放虎归山。所以，要根据对方的表现准确收放。

在对下属的管理中，首先要对下属有一个全方位的了解，从工作生活到他们目前的处境等，要做到胸有成竹。比如一位优秀的员工提出离职，而领导者不想他离职，又了解到该员工在孩子小升初上遇到一些麻烦，正好你有这方面的资源能够帮助他解决孩子小升初的烦心事。

这时作为领导者的你可以这样对他说："一起共事这么多年，真的舍不得你离开，但你提出来了，我也不能够强留你。我还是希望你能够再考虑考虑。对了，我听说你孩子最近小升初，我给你推荐几个学校吧，不过这和你是否留下没有关系哦！"

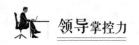

不强留，即放；化解对方的痛点，即收。这便是一种迂回策略，相比硬留，这样能够避免最后可能不欢而散的尴尬。

◎ 智慧掌控

古语有言："匹夫见辱，拔剑而起，挺身而斗，此不足为勇也。"遇事切莫激动，冷静处之，先退一步，赢得对方的信任和认同，在对方心悦诚服的时候，我们就可以顺利地进两步。

第十章
用"心"掌控——发自内心的认可

在心理学中有一种应用叫"心理操控术"，即通过一些心理学知识技巧性地改变他人的想法。而事实上，不少人都生活在这种"心理操控术"的影响之下。而作为领导者，当然更需要掌握这种能力。

布朗定律，帮"他们"打开心锁

有时候你可能会遇到这样的情况，曾经与你沟通非常融洽的下属，突然变得很难沟通，与之前你认识的那个人判若两人，沟通出现了阻碍，甚至给你的工作带来了一些困难，这是怎么一回事呢？

如果出现这种情况，要解决这个问题，就要用到"布朗定律"。

一、"布朗定律"的含义

"布朗定律"是美国职业培训专家史蒂文·布朗提出的一种解决人际交流问题、打开对方心锁的一种方式。它是指如果领导者能够找到打开某人心锁的钥匙，那么，就可以反复使用这把钥匙打开他的其他心锁。

从领导学的角度来说，比如同事或者下属突然与你产生了交流隔阂，产生了沟通障碍，但只要你能了解到对方在意的是什么，并通过合适的方式走进对方心里，那么，对方所在意的就会在你的掌握之中。

二、"布朗定律"在领导学中的作用

在"布朗定律"中有这样一个经典故事，一个志愿者为了帮助人们远离疾苦，只身一人来到一个贫困的国家。当到达这个国家时，她看到当地人因为贫穷穿得破破烂烂，甚至没有鞋子穿而光着脚。这个志愿者为了走近受难的民众中，决定自己也不再穿鞋子，从而更好地融入其中来帮助他们。

自从她脱下鞋子走入这群贫困的民众中后，人们从刚开始对她的敷衍、排斥变成了心与心真诚的交流，把她当作知心朋友。后来，她一个人去战场上营救受伤的妇女和儿童，当作战双方听到志愿者来了后，不约而同地停止了射击，直到她把妇女、儿童救离战场。

为什么穷苦民众会把她当作知心朋友？为什么战场上交战双方会不约而同地停止射击？原因就是志愿者用"心"打开了他们的心结，从而影响了他们。

在领导学中，"布朗定律"同样也可以帮助我们解决一些人际关系中棘手的问题，如通过找到解决对方心结的方法，从而拉近彼此心与心的距离，不断地赢得对方充分的信任，以此使对方的意愿在你的把握之中。

三、"布朗定律"的使用方法

树有千形，人有千面，每个人都有自己不同的心锁，也许是爱情、亲情、友情上的遗憾，也许是工作、事业上碰到的挫折。不管是什么原因，只要从以下几个方面入手，就能够找到打开对方心锁的钥匙。

1. **利益**。每个人在社交活动中都有自己的现实需求，有相当一部分人通过沟通交换有价值的信息。当谈到与切身利益无关的事情时，人们参与沟通的积极性通常不会太高，而当谈到涉及切身利益的事情时，人们马上变得专注而亢奋。

李先生是做房地产销售的，每次同学小聚的时候，他说话总是很少，往往饭吃到一半，他就会找借口离开。有一次小范围同学聚餐，他也参加了，他的几个同学探讨着是不是可以买房做投资。他听到这话后马上来劲儿了，滔滔不绝地给大家灌输了很多房地产知识，还回忆了当年在学校里的种种趣事，一直聊到聚会的最后一刻，李先生才恋恋不舍地离开。他走时还主动要求下次再聚。

这就是利益的魔力。所以，作为领导者完全可以从涉及对方切身利益的事情入手，通过利益打开对方的心锁，把握对方的意愿。

2. **情感**。情感是良好沟通的基础，沟通其实也是一种情感的互动，而情感没有等级可分，每个人都有情感，若能与对方的情感相通，更容易把握对方的意愿。所以，仔细观察对方的情绪，了解对方的情感活动，从情感入手也许会更快找到那把打开对方心锁的钥匙。

3. **新鲜**。很多人都有一种喜新的心理，比如买了新房、新车、新手机、新家具、新包等，这些都会让他们兴奋激动一段时间。同样的道理，沟通手段也需要新鲜一些，这样就不会让对方感到疲倦，能够促进对方沟通的兴趣。

比如你有个同事或者下属叫刘天一，平时你都喊他"刘助理"，当你发现他有心结在逃避沟通时，你喊他"天一"，他必然会有不一样的反应，从而激发他与你沟通的积极性。

当然，打开对方的心锁，把握对方的意愿，除了用一些方法技巧之外，更重要的是细心观察，由表及里地去发现让对方产生心锁的真正原因，顺藤摸瓜，对症下药，才能高效地解决沟通障碍。

◎ **智慧掌控**

掌握对方意愿的要素：利益、情感、新鲜是方式，由表及里、仔细观察、寻找根本原因是基础。筑好基础，选对方式，便能打开心锁。

说服有方

作为领导者，要想让下属死心塌地地跟着你干，一定要让下属建立大局观意识和思想，这就需要领导者说服员工，这里我们所讲的说服，是教育员工的意思。说服是一种正念思想的培养和灌输，是对员工凝聚力和向心力的一种培养，是一种润物细无声的引导。

一、说服的流程

1. 领导者要有正确的自我认知。如果你的思想、观念与时代不符，对专业知识存在不小的认知偏差，那么，无论你使用什么方法，都很难与下属统一思想和观念。

为此，领导者要站在时代的前沿，查漏补缺、不断学习、不断精进。只有比员工站得更高，才能更容易地对员工进行说服。

2. 去潜移默化地影响对方。很多时候，当领导者给员工讲道理的时候，员工心里可能会想"套路，又是套路，又在给我洗脑"。其实，员工有这样的想法实属正常，但只要领导将这些理念融入实际工作的日常点滴中，潜移默化地说服员工，那么，员工就会欣然接受。

3. 解决问题。要让员工信服你，听从你的领导，光讲大道理是远远不够的，俗话说："光说不练假把式。"指的就是这个道理。所以，领导者要用具体的事例去说服下属，用解决问题的实际成效来证明你说的是有道理的。在这个过程中，员工会感受到自己的成长，感受到你的魅力，感受到自己思维、观念、思想的提升，从而增加对你的信服程度，自然而然也会更乐意跟随你。

某医疗集团的效益、口碑一直不好，领导很着急，采取了很多措施，但一直无济于事。后来领导招了一位运营总监，在人事任命大会上，领导隆重地向大家介绍了这位总监，随后，运营总监走上台侃侃而谈，表示要这样要那样……

大家听了后，表面上给予了掌声，而私底下却议论纷纷："又来了一个假把式！""说得轻松，哪有那么容易做到？"……

当然，运营总监也听到了这些声音。之后他策划了一个活动，这个活动不仅给该医疗集团带来了效益，还赢得了群众的赞誉。之前不服气的那些员工看到这个结果，从此以后对这位运营总监倍加尊重。

二、说服的方法

说服员工既是一个观念问题，也是一个技术问题。方法用得对，就能事半功倍，否则事倍功半。那么，作为领导者，我们可以用哪些方法说服员工呢？

1. 询问法。首先问员工"你为什么来我这里上班""你上班的目的是什么"，看似很俗的两个问题，却能精准地触动员工的心理。以这两个问题为引子，从员工的真实回答入手，激发他们的斗志，让员工树立信心，明白在工作中你们是互相成就的关系。

然后向员工阐述上班要积极努力的意义，因为不努力就没钱赚，就不能够让自己的生活质量变得更好。这样通俗易懂的道理，相信每个人都会明白。当然，有些员工可能并不是只为了钱工作，这时可以从个人价值、社会价值等角度去阐述工作的意义。

2. 恩威并重法。所谓"恩"，就是平易近人地对待下属，甚至可以给他们一些小恩小惠。有"恩"就一定要有"威"，比如当着下属的面严肃批评或惩戒犯错者，让对方意识到你的领导威信，从而让对方对你产生敬畏之情。

3. 反差法。所谓反差法，就是让下属感觉到跟着你就会有美好的前途和广阔的发展前景，而离开你，他可能会面临更多的困难。

具体方法：

第一步，给下属一个美好的愿望。很多人把这个方法叫作"画大饼"，这是错误的。"画大饼"是一种虚构的方式，而这个方法则是从实际出发，从薪水、能力提升、交际、发展前景等方面入手，给下属一些真实的期望，让工作有盼头。

第二步，告诉下属严峻的现实情况。从人才竞争激烈、就业形势严峻、整体经济下滑等方面入手，以数据为支撑，让下属意识到当前工作的不易。当然，所有这些都要从实际出发，不可胡编乱造，否则，就失去了领导的威望。

通过反差法，可以让下属更加清晰地认识自己，对自己有一个正确的定位，对待工作更加重视。

对不同的人区别"领导"

人各有不同，比如长相不同，性格不同，能力不同等，各个方面的不同，构成了千奇百怪、形形色色的人。作为领导者，要懂得因人而异的管理方法，因为员工的成熟度不同，有时所采取的策略方法也应该有所区别，这样才能取得好的效果。

如果我们从每个"不同"去分析，这是一个庞大的体系，从管理的角度讲，也没有必要。

一个员工是否能够完成工作或者做得好不好，主要取决于两点：一是工作能力，比如专业知识、技能、经验、习惯等；二是工作意愿，也就是工作态度，比如工作动机、情绪、动力等。从这两点出发，我们可以把员工分成四类。

第一类，高能力，高意愿。这类员工是领导最喜欢的员工，他们积极认真，自信心、自我驱动力强，工作效率高，属于不用扬鞭自奋蹄的类型。

这类员工通常出现在入职前期。工作的新鲜感加上领导的认可，他们的表现往往会让人刮目相看，且越战越勇，甚至有时候可能会让领导感受到一种威胁。作为领导，这个时期如果引导有方，这类员工就有可能成为领导的左膀右臂。

但很多时候，这类员工并不会长期保持，会逐渐转变为第三类员工（高能力，低意愿），这是什么原因呢？

首先，这类员工容易让同事嫉妒，导致在工作中出现一些同事为其使绊子、穿小鞋等情况，使其工作意愿逐渐消退。

其次，职场环境如果过于复杂，也会压缩这类员工的生存空间。比如派系斗争、私利冲突等，都会降低这类员工的工作积极性。

最后，复杂的人际关系，新老员工不断交替，可能会出现老员工自成一派或以某人为首自成一帮等现象。如果此类员工是新员工，那么在不知情的情况下可能会与老员工产生一些矛盾，同时往往很难施展开拳脚，郁郁不得志，导致其工作意愿逐渐降低。

当然，以上这些现象在每一个企业几乎都存在，只是轻重程度不同而已。那么，作为领导者如果遇到这类员工，要懂得去疏导和保护他们，必要时自己出面为其遮挡一些风雨，从而长期保持其高能力和高意愿。

第二类，低能力，高意愿。这类员工的工作能力较差，但工作态度非常好，属于想做但不会做的类型，通常出现在一些新员工或者新的工作岗位上。俗话说"态度决定一切"，只要这类员工能够长期保持工作的高意愿，那么，一年半载之后就能转变为第一类员工。对此，领导者应该对这类员工给予一定重视。

第三类，高能力，低意愿。这类员工的工作能力很强，但工作态度消极，比如工作中挑肥拣瘦，对于自己不感兴趣或不喜欢的工作，会推脱、拖拉、消极怠慢等。这类员工之所以如此，主要是因为受到了外界因素的刺激，比如被领导批评，工作中受到委屈，遇到了挫折等。这类员工在自我正确调节或者领导及时开导后，很快会变成第一类员工。

第四类，低能力，低意愿。这类员工是让领导最为头疼的员工，啥也不会干而且态度还不好，对领导的批评指责置若罔闻。当然，这类员工并不是一开始就是这种状态，最初他可能是第二类员工，因为外在因素的刺激，从而变成了这类员工。

在职场中，以上四类员工的状态并不是恒久不变的。第一类员工可能会变成第三类员工，第二类员工可能会变成第四类员工，当然，第四类员工还有可能变成第二类员工，再进步变成第一类员工。而这种对员工变化的掌控或者促使员工正向变化的力量，就取决于领导者的领导风格和管理方式。那么，对于不同状态的员工该如何管理呢？

一、高能力高意愿状态的员工

管理这类员工，需把握这样几点。

工作上尽量不干扰，让其潜能得到充分发挥。

定期评估其工作态度，当工作意愿有所下降时，要及时给予肯定或鼓励，及时消除影响其工作意愿的不利因素。

防止这类员工出现骄傲、自视清高、不服管理等态度。若发现其"越界"，要及时私下与其沟通，甚至给予批评，引导其工作态度的正向发展。

二、低能力高意愿状态的员工

管理这类员工，需把握这样几点。

对其积极的态度要时常肯定，并让其明白自己在组织中有一席之地是因为积极的工作态度，从而时刻保持这种工作状态。

这类状态的员工缺乏的是平易近人的良师或教练。首先，领导要让其认识到能力对于自身发展的重要性；其次，激发他的学习意识，从小事做起，循序渐进地培养他的能力。只要方法对，用不了多久，这类员工就会成为第一类员工。

三、高能力低意愿状态的员工

管理这类员工，需把握这样几点。

这类员工往往缺乏工作的动力。首先，领导者要用语言去激励他，比如"你做的这个东西真不错，挺优秀啊""这件事情虽然有点难办，但以你的能力，我想一定能够轻松完成"等，以此来激发对方的意愿。

这类员工之所以会低意愿，通常有确定的原因，比如薪资问题、经受了挫折打击、和团队成员有矛盾隔阂、工作失去了新鲜感等。只要找到问题所在，就能够轻松解决其意愿低的问题。

四、低能力低意愿状态的员工

管理这类员工，需把握这样几点。

先提升工作意愿，而后培养能力。

不要压制、打击这类员工，因为这样做不但改变不了他，而且会让他拖累整个团队。要以诚相待，用真心来改变其心态。

强意愿，提能力。在这类员工的心态有所改变之后，马上介入对其能力的培养提升，通过培养和磨炼，达到意愿、能力的双提升。

一个人的状态不是一成不变的，随着时间的推移，都会发生不同的波动。一名合格的领导者要能够掌控员工的状态，并通过正确的方式方法，让他们的状态向积极的方向靠近并保持。

◎ **智慧掌控**

管人其实管的是一个人的状态，一个人的状态不同，管理方法应有所不同。因材施教，运用合时宜的方法去提升一个人的工作能力和意愿会更加有效。

心境领导胜于"说教"

有一次，在路上一个逆行骑电动车的中年人差点儿与另一个正常骑行的人相撞，幸好两人速度都不快，都停了下来。逆行的人赶忙下车道歉："对不起，您没事吧，真是不好意思……"一个劲儿地认错。

正常骑行的人则慢慢停好车，不依不饶地说道："你知不知道你这样骑车很危险，如果我刹车不及时，你可能闯下大祸。根据相关法规，你这是严重的违法行为，知不知道……"

此人滔滔不绝地说了十几分钟，逆行者听到对方长篇大论的说教就不再道歉了，非常生气地说："你就说你想怎么办吧！"

的确是逆行者有错，但面对对方滔滔不绝的说教，逆行者却收起了道歉的姿态。从这个小事件中可以看出，有些人不喜欢被说教，即使对方做错了，面对喋喋不休的说教也会感到厌烦，甚至宁愿将错就错。

如果正常行驶的人能够换一种方式与逆行者沟通，效果会截然不同。比如面对逆行者的道歉，正常骑行的人说："没关系，你可能有非常着急的事要办，我能够理解，但为了大家安全，可千万不能再逆行了。"试想一下，逆行者听了一定会欣然接受，事情就会愉快且快速地解决。

这就是说教与心境沟通的不同，同样的道理，从管人的角度讲，显然，说教也不是一种很好的沟通方式，甚至有时会适得其反，而心境沟通才能直达人心。

一、心境沟通的基础

1. **端正心境**。端正的心境是一种积极健康、乐观向上的状态，但事实是，任何人都不可能时时处于这样一种心境，因为每个人都可能遇到糟心事、挫折打击等。这就要求我们在与对方沟通时，先端正心境，调整出积极阳光的状态，来保证心境沟通的有效性。

2. **换位思考**。站在对方的位置、角度去思考问题，对方想要什么，此时的心态如何等，最大限度地确定对方的心态和想法，这样我们的沟通才会更有针对性也更有效。

3. **利他沟通**。有利于对方的沟通，往往更能吸引对方的注意。所以，在运用心境沟通前，用利他的方式来实现沟通的目标。比如批评对方，在严厉批评过后，要简单地阐述为什么批评他。

二、心境沟通的要点

1. **用态度去控制员工做事的边界**。与员工沟通时，不同的态度会给予员工不同的做事边界。比如对于做错事的员工拿出严厉的心境，用严肃的态度进行批评；对于屡教不改、顽固不化的员工，适当地表现出愤怒。这样会让对方知道你的底线在哪里，明白自己做事的边界在哪里。当然，沟通时的心境表现要稳重，这样能避免让员工难堪。

2. **用要求去激发员工的上进之心**。管理者要有对员工提高要求的心境，比如在表扬了优秀员工之后，可以表现出他还可以做得更好的心境，让员工感受到你对其有更高的期望，同时也能感受到自己得到了重视，以此进一步激发员工积极努力的心态。

3. **用谨言去掌控员工的工作之心**。该说的可以说，不该说的万不可说。领导随意的一句话，可能会让员工的心态瞬间改变。

比如有一个项目遇到了危机，领导也没有想到好的解决方法。员工非常着急地问领导："您看这该怎么办呀？"此时，如果领导者表现出的是慌乱的心境，说："我也没有好的对策！"那么，员工会更加慌乱且失去信心，导致项目推进更加糟糕。

而如果领导说："没关系，这个困难我们一定能够解决，你继续跟进即可。"那么，员工听到这话就如同吃下了一颗定心丸，也不会胡思乱想了，项目可能就会正常推进了。

◎ **智慧掌控**

　　心境是生活的一种常态，作为领导者要抛弃说教的管理方式，要懂得用心境影响人，用心境稳局面，用心境造势力，保持一种积极健康、乐观向上的心境，去掌控员工的行为举止。

人性驾驭胜于"指导"

　　领导离不开沟通，有效的沟通离不开对人性的洞悉。一个领导者如果能够驾驭人性，那么，他的管理工作就会轻松容易许多。

　　作为领导者，在管理的过程中能够运用人性共情式的方式往往要比指导性管理的效果好很多。而要用好这种方式，就要懂得如何驾驭人性。

一、人性的含义

　　人性即人的本性，人性有积极的一面，也有消极的一面。如善良、勤劳、渴望公平正义等为积极面；如邪恶、懒惰、自私等为消极面。人的本性会让人产生不同的行为，比如为了利益与家人反目，损人利己；再比如为了追求正义而牺牲自己等，这就是人性。

　　人性能够被压制，也能够被引导，在不同的时期、不同的环境氛围下，不同的人会表现出不同的人性。通常，人会释放适合其生存的一部

分人性，压制不利于自己生存的人性。既然人性可以被压制，也可以被引导，那么，从领导学的角度讲，我们可以通过引导让其释放有助于工作的人性，将一些不利于工作的人性进行约束压制。

二、人性与管理的关系

合格的领导者眼里看到的是收益、人才，而顶尖的领导者看到的是人性。因为只要驾驭好人性，员工就会变成人才，企业收益自然也会提高。

三、管理中人性驾驭的方法

在人性驾驭中，有以下几点需要注意。

1. 倾听了解员工的人性需求。倾听是了解员工最好的方式，通过倾听构建信任，为下一步与其沟通奠定基础。

2. 倡导员工积极正面的人性。弘扬正能量，让其正面人性始终占据主导，比如善良、有爱心、疾恶如仇等。当对方身上的这种人性成为生活工作的习惯后，不管对其是通过讲道理还是摆事实来讨论某个问题时，都能够与对方产生共情，管理效率会更高。

3. 构建积极的团队环境。在一个氛围积极的团队里，如果有一个人想要偷懒，他都会觉得不好意思。领导者需要打造积极向上的团队氛围，从而使员工自发地去做事。

4. 及时批评。做了父母的都知道，教育孩子该严厉的时候一定要严厉，否则可能会害了孩子。管理员工也是如此，员工犯了错，该处罚就要处罚，该批评就要批评。也许员工当时会怨恨你，但过了一段时间后，他一定会感谢你，因为你是在帮助他成长、成功。人性驾驭不是一味地顺应对方，而是要以善良的心态站在帮助对方的角度进行管理。

5. 常给员工一些"新鲜"感。 一个人在熟悉的环境待久了，就会不自觉地产生厌倦感，做事的积极性也会减弱。所以，作为管理者，我们可时常为员工创造一些新鲜感，比如，轮岗或安排具有挑战性的工作等，以此来保持其积极新鲜的一面。

6. 尊重员工。 俗话说："低水平的人做不了复杂的工作，高水平的人却不愿意做简单的工作。"这是人之本性。所以，不要把高水平的人放在简单的工作中太久，否则会让对方感觉少了应有的尊重，缺乏该有的成就感，工作意愿下降，可能还没有一个低水平的人做得好。

◎ 智慧掌控

相对于指导性管理，人性管理更具有实际意义。以人性为切入口，以管理引导为手段，激发并保持员工积极优秀的一面，是顶级领导者的高级素养。

第十一章
用人掌控——让每一个人都发光发亮

　　察人、选人、用人是领导者管理人力资源的必备过程，考察有潜力的人、选拔优秀的人、任用合适的人是领导者用人的智慧，更是掌控事情发展方向、战略实施效能、充分发挥个人潜能的重要因素。

察人：察人之术

俗话说："用人不疑，疑人不用。"而要做到用人不疑，用到的人让自己省心、放心，首先要做好察人工作。察人的关键点主要包含：忠诚度的审查、能力的评估、情商的考察、德行的辨识。

一、忠诚度考察

管理者在对下属进行考察时，可从以下三个方面着手。

1. **说话是否实在。**不妨采取一些明知故问的办法，来考察卜属的心理。一个对领导者说话有欺瞒的人是不足以信任的。爱撒谎，言行不一致的人往往爱耍小聪明，比较油滑，不靠谱。

2. **用服从安排的方法来考验忠诚度。**当领导把一项任务安排给下属时，看下属是否有执行和服从的精神。如果下属常常以各种借口来讨价还价或拒绝，显然对企业是不够忠诚的，也是很难堪以大任的。

3. **对自己职责的忠诚。**什么事情该做，什么事情不该做，通常在岗位职责中都会有明确的分界。下属对岗位职责的忠诚度越高，对工作的敬业度也会越高。

二、能力评估

能力的评估是察人之术的重中之重，因为员工能力的高低关系着其今后工作效率的高低，所以，其评估结果的真实性就显得尤为重要。随着管理学的发展和信息技术的演进，对人的能力的考察主要有以下两种评估方法。

1. 运用能力测评工具评估。（1）iSpring Suite 套件。该工具可以通过图像和语音气泡来进行角色对话，可使用分支场景来创建对话模拟，可以评估沟通、情商和冲突管理等方面的能力，是一个非常好的软能力评估工具。

（2）eSkill。该工具能够针对职业如 IT、销售、会计等进行测试评估，还可以自己设置问题，定义模板，应用较为广泛。

（3）Interview Mocha。这款工具最大的优点在于提供人工智能监考，能进一步保障评估的真实性，比较适合评估技术性较强、要求严格的岗位。

（4）Skill Meter。该工具可以通过知识、能力等方面对人进行测试评估，其最大的特点是在云端运行。

以上评估工具的使用方法和特点，我们可以通过互联网检索查阅，当然，还有很多其他能力评估的工具。无论使用何种评估工具，只要能够达到我们的评估目的便是最好的。

2. 通过业绩来评估。这是一种最原始且最有效的评估方法，俗话说"是骡子是马，拉出来遛遛"，说的就是这个道理。比如销售岗位，在同等情况下一个月内甲的销售业绩是 100 万，乙的销售业绩是 60 万，毫无疑问，甲的销售能力比乙强。从这个角度出发，我们可根据岗位、行业的属性通过业绩对比，对其能力进行测试评估，从而判断其能力情况。

三、情商考察

不同的岗位、不同的职业对情商的要求不尽相同，我们可以从以下几个方面对一个人的情商进行考察评估。

1. 自我情绪了解。对自我情绪的了解认知是情商的核心，准确、有深度的自我情绪认知能力有助于对自我进行全面评价，进而能够在不同的场合讲合适的话。

2. 自我情绪管理。优秀的自我情绪管理能力，能够有效控制冲动、消极的情绪，让自己时刻保持冷静，适应环境氛围的变化，从而充分保证工作决策时的正确性。此能力的评估对管理决策岗位、公关岗位非常重要。

3. 自我激励意识。个人的主动性、积极乐观、责任义务感是自我激励的结果，所以，一个优秀的人通常具有较强的自我激励意识。

4. 换位感受的能力。懂得换位思考感受对方的情绪，有助于自己更深度地了解对方。如通过对方的观点、情绪、行为举止等方面的变化正确感受、理解对方的情绪，从而采取合适的沟通方式，更容易赢得对方的信赖和认可。

5. 人际关系管理能力。人际关系管理是情商的基础，人际关系管理能力较强的人能够有效地劝导或说服他人，能够让下属心悦诚服地听从安排，能够与对方愉快地合作等。

四、品德考察

一个人的品德往往决定着其素养、三观、品性等方面，所以我们要把握这样一个原则：有德无能，尚且一用，有能无德，谨慎任用。关于品德评估考察，可从以下两个方面进行。

1.口碑考察。对其周围人进行调研评估，比如其朋友、同事、前公司员工等，也可通过其自身背景方面了解其口碑。

2.本性考察。俗话说："江山易改，本性难移。"本性是一个人品德的根。而当前社会上很多人往往是一人饰多角，在家里是一种人，在公司里是另一种人，在朋友面前又是一种人，很难让人判断对方到底是一个什么样的人。其实，我们只需要在其完全放松的情境下进行考察，就能准确地评估出其品德的高低。

◎ **智慧掌控**

忠诚度考察是关键，能力评估是目的，情商考察看需要，品德考察是基础。

选人：选人之法

选人、用人是领导者的主要工作任务，也是重要技能。选对人，工作就会事半功倍，否则，可能就会事倍功半。

每个人都有他优秀的一面，用对了，他就是人才。所以，在选人的过程中我们只需要把握一个原则即可，这个原则是不同岗位选用掌握不同能力及特长的人。根据这一原则，我们可根据下表进行对照，以便于更加高效正确地选用合适的人。

表2　岗位能力适配对照表

岗位类别	岗位	适配能力
行政类	人力资源、经理助理、行政专员、办公室主任等	语言表达能力、书写能力、组织协调能力、察言观色能力、情商等
经营管理类	总经理、项目总监、部门经理、主管等	组织能力、协调能力、逻辑思维能力、分析能力、魄力、社交能力、表达能力等
技术研究类	机械工程师、研发工程师、设计师等	动手能力、逻辑思维能力、创新能力、空间判断能力、对应技能知识掌握及操作能力等
生产操作类	操作员、质检员、测试员等	动手能力、思维能力、责任感、耐心等
服务类	客服代表、售后服务关系代表、服务员、餐厅经理等	亲和力、语言表达能力、逻辑思维能力、察言观色能力、耐心、责任心等
财务类	会计、出纳、财务经理、财务总监等	良好的职业道德与素养、梳理能力、沟通管理能力、专业知识掌握度、责任心、忠诚度、细节觉察能力等
市场营销类	业务员、销售代表、营销专员、公关经理等	语言表达能力、察言观色能力、亲和力、察觉细节的能力、社交能力等
文职类	编辑、文案、记者、文员、采编等	书写能力、逻辑思维能力、分析能力等

以上表格可以方向性地协助我们进一步做好选人工作。2022年，新修订的《中华人民共和国职业分类大典》颁布。其中，职业分类结构包括大类8个、中类79个、小类449个、细类（职业）1636个。每个职业都有其不同的特点和岗位需求，因此，我们可以通过前期大致的筛查后，再根据具体的岗位特点对所用之人进行针对性的考察，以期达到最好的人岗适配。

◎ **智慧掌控**

　　根据岗位类别选人，根据岗位需求定人。根据企业规模配编，不同特点及能力的人要放在合适的位置。

用人：用人之前需先得其心

　　一个人在相同规模的不同企业所创造的价值往往会有所不同，如周先生的上一份工作是在一家百人左右的企业，他工作热情不高，似乎每天都很疲惫。后来他跳槽到另一家企业，待遇和上一家差不多，企业规模也差不多，但他的工作态度发生了很大转变，工作热情度很高，同样的时间点下班，但已经很少看到他之前脸上的疲惫感，这是为什么呢？

　　其主要原因就是与领导的用人理念及态度有关，懂得用人的领导不但可以很好地掌控他，而且可以激发他更多的潜能，创造更多的价值。否则，相反，他会表现得平平无奇，还会疲惫不堪。

　　那么，领导者如何才能正确地用人呢？有以下理念及原则需要把握。

一、用人理念

　　1. 信任理念。信任是领导他人的基础，既然已经任用了对方，那么就应该给予对方一定的信任，不要有那种既要给其分配工作又要处处防备的心态。这样对于领导来说，心太累；对于下属来说，得不到应有的信任，工作没有干劲儿，这是很糟糕的。当然，领导者的防备之心也是有一定道理的，比如防止泄露商业机密等，但是可以在一些小事上给予其信任，最起码让其能感受到信任。

2. 成就理念。让对方时刻感受到一种成就感是最佳的工作状态，作为领导要不放过任何一次让下属感受成就感的机会。一方面，可以保持下属工作的积极性和斗志；另一方面，可以激发下属的工作潜能。

3. 忠诚理念。忠诚大于能力，一个人的能力很重要，但忠诚更重要。忠诚度彰显的是一个人的人品，而人品是一个人最重要的资本。所以，领导在用人过程中要始终把忠诚贯穿其中，弘扬忠诚精神，以身作则，以耳濡目染的方式把忠诚的职业要求灌输给下属。这是用人的根本。这种用人忠诚度理念运用的时间越长，领导对人的掌控力就会越强。

4. 尊重理念。尊重是用人的基础，一个不受尊重的人，也很难去尊重别人。在上下属关系中，尊重下属往往能够激发其忠诚、感恩的心态。

古人有句话叫"士为知己者死"，对于下属来说，这里的"知己"便来自领导对他的尊重。如果连"死"都不怕，那么可以想象，他的积极性是非常高的，而且会迸发出源源不断的创造力。

二、用人原则

1. 权责原则。放权给责是领导者常用的用人方式：放权就是给其才能更广阔的发挥空间，让其能力得到充分发挥，视野得到有效提升及锻炼；给责就是给对方更大的压力，有人说"压力是前进的动力"，人往往在压力中才能发挥出巨大的潜能，让自己在各方面有新的提升。显然，为下属放权给责是领导培养人才的一种必要方式，但我们在使用的过程中需要注意，这是一个循序渐进的过程，要根据下属的能力及特点逐渐进行。放权过多，有时会让领导无法掌控，甚至造成严重后果，还可能会影响团队关系；同样，给下属施加的压力过大也会适得其反。

2. 引导原则。让一个人持续去做正确高效的事，往往不在于如何说教而在于引导，正确的引导相对说教而言更具有实际意义，更能让下属接受。比如在下属完成一件事情后，可以先给予赞美夸奖，然后婉转地说"这件事情如果……可能会更好"，这种引导方式更容易让对方发现自己的不足并欣然接受指正。

3. 培养原则。从企业长远的发展角度来看，一个领导无论有多大本事、多有能耐，随着企业的发展都需要一些管理者来协助其完成更多的工作。通俗地讲，就是企业的发展不在于老板有多大的本事，而在于下属有多大的能力，是否有所成长、更加优秀。所以对于领导来说，在用人过程中要把培养"接班人"时刻提上日程，以备企业后续发展之需。

◎ **智慧掌控**

信任、尊重下属，是用人的前提；培养并引导下属提升能力技能，是用人的长久之法。

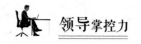

用人：物尽其用，授权有度

授权是领导者通过为员工和下属授予比之前更多的自主权，以此达到企业组织高效运作、分担领导者工作压力的一种管理方式。尤其是在现代化系统科学的组织体系中，授权是领导者经常要用到的一种管理方式，这种方式能让工作更加高效地进行。

当然，授权是领导者智慧与能力的扩展和延伸，操作过程中必须遵循客观规律和原则，授权过程是一个科学化和艺术化的过程。

一、授权的核心特点

授权的核心特点是分配任务而不是分配权力。领导者需根据分配任务的大小，确定授予权力的大小。权力范围若小于任务需求，执行效率势必会降低，反之，权力范围若远远大于执行任务的需求，则可能会出现权力滥用的风险。所以，领导者要把握好授权的度。

二、授权的益处

1. **集中精力办大事，领导有时间学习新的技能。** 组织规模发展到一定阶段，领导者明显会感到时间、精力不够用，通过授权便可解决这一问题。

2. **提升下属的士气和信心。** 授权也是一种激励方式，可提升员工工作的积极性和对领导的忠诚度。

3. 帮助建立有效的人际关系，改善上下级关系。授权是上级对下级的认可，同时也会提升下级对上级的忠诚度。在这种情况下，上下级关系会得到良好改善。

4. 有益于信息传递，提高工作效率。授权可以让下级掌握更多的信息，上级与下级沟通的面就会更广，效率就会更高。

5. 有助于培养下属的才干。优秀的管理者都是在实干中培养出来的。权力越大，越可以培养提升一个人的能力。

三、授权的原则

1. 因事设人，视能授权。简单地说，就是把事情交给有能力的人去办。

2. 权责对应原则。权力越大，所承担的责任就越大。所以，授权的同时一定要授责，且权责要对应。

3. 逐级授予原则。领导授权不可越级授予，比如高管可以给中层管理者授权，但最好不要给基层员工授权。

4. 信任原则。用人不疑，疑人不用，决定授权前要信任对方。

5. 有效控制原则。授权不是放任不管，是用更少的时间和精力去领导控制。

四、授权的前期准备

1. 领导本身要为授权做好准备。企业组织发展到一定阶段，授权是领导者必用的一种管理方式。所以，领导者要随时做好授权的准备。

2. 相关人员为授权做好准备。通俗地讲，就是育人，培育可以授权的人。

3. 标准化任务。授权的任务要清晰标准。

4. 强调授权的气氛。 授权要有仪式感，因为这也是激励的一种方式。

五、授权的四个步骤

1. 确定任务。 有些事是可以授权的，比如日常性的工作和重复性的劳动、专业性强的工作、下属能够做好的工作等；但有些事是不可以授权或者需要谨慎授权的，比如人事或者机密事务、制定决策的事务等。

2. 选择授权人。 选择授权人的原则是做到人事相宜，授权人的能力必须与工作任务相吻合，量其能，授其权。

3. 明确沟通。（1）明确沟通的内容。任务是什么，要完成怎样的目标，以及权责要讲清楚。

（2）沟通时注意传授工作诀窍。比如这项工作过去的情形，这项工作的深层动机，常用的工作程序和方法有哪些。领导可以通过微妙的细节进行提示或者警示，让被授权者予以重视。

（3）宣布授权的技巧。不管是线上授权还是线下授权，要有仪式感，要让其他同事知道这件事情，这样才能充分激发被授权者的积极性。

4. 授权后跟踪。 了解工作进度，做好风险评估。

六、控制授权的技巧

1. 督查跟踪。 不时与被授权者通过电话或开会的方式了解工作进程，也可通过第三方了解权力运用情况。

2. 反馈控制。 制定反馈机制，了解工作进程及权力运用情况。

3. 撤回授权。 领导者要明白，放手不等于放弃。管理的本质就是控制，控制是管理的"维生素"。

◎ 智慧掌控

授权不应该做什么？

不要威胁下属，不要摆出恩赐的态度，不要对问题过于敏感，不宜当众批评，避免无休止的检查。

用人：团队管理

当代社会处于一个高效且快速发展的时代，高效的基础便是团队协作，否则，一不留神就会被时代抛弃。任何人尤其是在当代都是难以依靠个人力量成功的。所以，团队管理运营对于一个领导者就显得至关重要。作为一个领导者，我们如何才能掌控且运营好一个团队呢？

在团队管理中，最重要的是做好以下四点：

一是构建清晰的团队使命；

二是打造长短互补型团队；

三是塑造聊天式沟通方式；

四是强化团队合作文化。

一、构建清晰的团队使命

心在一起才叫团队，人在一起才叫群体，所以群体不能称为真正意义上的团队。而让心能够聚在一起的重要因素便是使命。何为使命？使命是一种责任，是一种担当，是一种在关键时候不计个人得失而付出的精神。

团队使命的构建并不是非常难，我们只要回答两个问题即可。

1. 大家为什么在一起？ 在提炼这个问题时，不要把范围扩大上升，而应该站在个人及团队成员的角度去总结，最好能够结合当下的实际。比如我们大家之所以在一起是为了"快乐工作，幸福生活"，这样的答案既把范围圈在了团队内，也符合团队成员的利益。

2. 大家为什么要这样做？ 提炼这个问题一定要站在利他的角度去审视，不要用一些唱高调的方式，比如有些企业说"我们要成为……第一""我们要超越……"，这样的答案对于团队使命感的构建没有任何作用，甚至可能会适得其反。比如"让天下没有难做的生意"，这便是利他式的答案，企业管理者可以用这样的思路根据自身特点去总结提炼。

二、打造长短互补型团队

优秀的团队结构一定是互补形式，这是毋庸置疑的，我们可以从以下几个方面塑造互补型的团队。

1. 专长互补。 所谓专长互补是指让团队成员在专业技能方面形成互补，互相填补对方的不足，以此来形成一个专长完美的团队。比如奥多比（Adobe）公司的前首席执行官布鲁斯·奇森具有营销背景，而公司现任总裁兼首席执行官山塔努·纳拉延则有工程和产品背景。

2. 角色互补。 一个团队往往需要多种角色互补才能不断接近完美，比如：创新者——首先提出观点，信息者——及时提供情报，行政者——运筹计划，推进者——推进实施，协调者——促进内部成员合作，监督者——监督工作，完美者——寻找问题、不断完善，凝聚者——润滑调适、化解矛盾。

每个角色都有优点和不足，但能够形成互补，所以要尽量将团队角色进行组合互补。

3. 性格互补。性格不同，行事风格就会不同，同样的事，不同的人做出的选择就会不同，从而导致最后的结果不同。有些人容易冲动，感情用事，但技能强；而有些人成熟稳重，善于思考，但技能弱；这样两个性格完全不同的人如果能够形成互补，将会是一个完美的组合。

4. 年龄互补。在一个团队中可能有"70后""80后"和"90后""00后"，甚至还有"60后"，不同年龄段的人的工作经历、社会阅历、工作经验、心态等完全不同，但他们对团队中一些重要的决策都有非常大的帮助。比如在互联网公司，创造力方面，年轻一代更占优势，而在稳定性、持久力方面，年长一代更占优势。

比如南极传奇探险家欧内斯特·沙克尔顿在组建团队的时候，专门挑选了一位50岁的悉尼大学地质学家埃奇沃思·大卫，他的年龄是很多船员的两倍。因为欧内斯特·沙克尔顿明白，在南极那种极端环境下，年长科学家的冷静将对年轻人产生深刻和持久的影响，这一点在后来两年的极端环境中发挥了重要作用。

三、塑造聊天式沟通方式

尽量避免会议式的正式沟通，除非话题非常严肃，因为过于严肃的沟通方式容易给团队成员造成压力，且沟通效果并不好。

常规的工作沟通用聊天的方式进行。一方面，参加沟通者的思维会更加活跃；另一方面，沟通效率会更高，可提升成员工作的愉悦感。

四、强化团队合作文化

体现团队价值最重要的因素是什么？那就是高效的协作。所以，团队合作文化的不断强化是团队管理的重中之重。

◎ **智慧掌控**

团队使命的构建要接地气、利他，团队成员要多方互补，合作文化需不断加强。